ILLUSIONS

SIMON TREMBLAY-PEPIN

ILLUSIONS

Petit manuel pour une critique des médias

Déjà parus dans la collection « Lettres libres »

Omar Barghouti, *Boycott, désinvestissement, sanctions*
Alain Deneault, *« Gouvernance ». Le management totalitaire*
Francis Dupuis-Déri, *L'armée canadienne n'est pas l'Armée du salut*
Francis Dupuis-Déri, *L'éthique du vampire*
Bernard Émond, *Il y a trop d'images*
Jacques Keable, *Les folles vies de* La Joute *de Riopelle*
Duncan Kennedy, *L'enseignement du droit et la reproduction des hiérarchies*
Robert Lévesque, *Près du centre, loin du bruit*
John R. MacArthur, *L'illusion Obama*
Gilles McMillan, *La contamination des mots*
Eric Martin et Maxime Ouellet, *Université inc.*
Pierre Mertens, *À propos de l'engagement littéraire*
Lise Payette, *Le mal du pays. Chroniques 2007-2012*
Jean-Marc Piotte et Pierre Vadeboncoeur, *Une amitié improbable. Correspondance 1963-1972*
Jacques Rancière, *Moments politiques. Interventions 1977-2009*
Alain Vadeboncoeur, *Privé de soins. Contre la régression tranquille en santé*
Pierre Vadeboncoeur, *L'injustice en armes*
Pierre Vadeboncoeur, *La dictature internationale*
Pierre Vadeboncoeur, *La justice en tant que projectile*
Pierre Vadeboncoeur, *Les grands imbéciles*

© Lux Éditeur, 2013
www.luxediteur.com

Dépôt légal : 3ᵉ trimestre 2013
Bibliothèque et Archives Canada
Bibliothèque et Archives nationales du Québec
ISBN : 978-2-89596-170-3

Ouvrage publié avec le concours du Conseil des arts du Canada, du Programme de crédit d'impôt du gouvernement du Québec et de la SODEC. Nous reconnaissons l'aide financière du gouvernement du Canada par l'entremise du Fonds du livre du Canada (FLC) pour nos activités d'édition.

À mon père qui m'a fait aimer les journalistes
et à mes ami-e-s du crõu qui me les ont fait comprendre.

INTRODUCTION

CRITIQUER LES MÉDIAS, voilà qui n'a rien de particulièrement original : des milliers de gens le font tous les jours
devant leur télé ou en lisant leur journal. On publie régulière-
ment des livres et des articles qui attaquent, plus ou moins
sérieusement, tel ou tel journaliste ou les médias en général.
Bien sûr, cet ouvrage relève lui aussi de la critique, mais son
objectif consiste surtout à permettre aux lecteurs[1] qui s'intéressent aux médias, d'approfondir leur réflexion. Il cherche en
particulier à montrer comment chaque acteur de l'espace
public — journalistes, entreprises de presse, intervenants,
public ou encore critiques des médias — entretient d'importantes illusions sur son rôle et ses fonctions.

On accuse souvent la critique de ne rien proposer comme
solution aux questions qu'elle soulève. Pourtant, il est hors de
question de proposer ici une nouvelle conception du journalisme. Agir ainsi, comme on le voit faire parfois dans le cadre
restreint de la conclusion ou dans l'ultime chapitre d'un livre,
équivaut en fait à s'excuser de faire de la critique. C'est aussi se
laisser aller à l'espoir candide d'un rattrapage de dernière minute
qui — en ajustant ceci, en améliorant cela — permettrait de

---

1. L'absence de féminisation ne tient pas à la volonté de l'auteur mais à un
choix de l'éditeur, qui a souhaité ainsi faciliter la lecture du texte.

revenir au confort de la situation originelle et à nos rassurantes habitudes. Ce réflexe postule le retour à l'âge d'or du journalisme et des médias, un âge d'or qui tient du fantasme. Il laisse aussi entendre qu'on pourrait transformer le journalisme sans rien changer à la société qui l'entoure, ce qui est impossible.

J'utilise fréquemment le mot média dans cet ouvrage, mais je le fais dans un sens plus spécifique que celui qu'on lui connaît habituellement. Les pages qui suivent s'intéressent aux médias qui prétendent *informer* le public. Leur rôle d'information est ainsi au cœur de ce livre. Les journalistes politiques, en raison de leur participation à l'espace public et au débat politique, retiendront le plus notre attention.

Il ne s'agit aucunement de diaboliser les médias ou de procéder à un règlement de comptes théorique. Les journalistes exercent un métier fondamental. Je tente plutôt ici de rendre justice au journalisme et à son rôle crucial en le soumettant à des critiques qui portent sur le sens de sa pratique. Chaque «niveau» de critique est présenté avec le plus de générosité possible et en mettant en valeur, autant que faire se peut, les arguments les plus convaincants. Peu importe que je sois personnellement en accord ou non avec ces critiques, je tente de pousser jusqu'au bout la logique de chaque «école», je l'amène parfois même plus loin que ne le font ses principaux défenseurs, mais toujours dans le respect de leur pensée. L'objectif poursuivi est que les lecteurs tirent des enseignements de chacun de ces niveaux de critique, même si l'ouvrage invite à les dépasser tous.

Cette présentation des critiques du journalisme se développe en six temps.

Le chapitre 1 est consacré à une courte description de l'idéal de la profession journalistique. J'y dépeins à grands traits le fond culturel du journalisme contemporain, ses lieux communs, ses déclarations de principes et ses actes de foi. Le chapitre 2 se penche sur la critique déontologique de la pratique journalistique, laquelle n'est que la pointe de l'iceberg des réflexions critiques sur les médias. Elle s'appuie sur les règles et principes fondamentaux du métier, lesquels servent à encadrer les pratiques journalistiques et leur effet sur le monde de l'information.

Les chapitres 3 et 4 sont consacrés à des critiques plus poussées des médias : celle d'Edward S. Herman et de Noam Chomsky, qui porte sur la propagande, puis celle du sociologue français Pierre Bourdieu. Herman et Chomsky, à l'instar de Pierre Bourdieu, ne se contentent pas d'une critique de la rigueur et du professionnalisme des journalistes à titre individuel, comme le fait l'approche déontologique ou ce que nous avons appelé le point de vue de l'idéal journalistique. Ces intellectuels de renom déplacent le centre de gravité de la critique du travail individuel vers le contexte social et historique qui détermine le contenu et la structure des médias de communication.

Nous abordons ensuite, dans le chapitre 5, des considérations qui élargissent encore davantage le champ de la réflexion sur le journalisme. J'y présente une vue matérialiste proche de celle de Gramsci. Bien que le marxiste italien n'ait pas beaucoup écrit à propos des médias, les outils conceptuels qu'il a développés permettent de mieux les comprendre.

Enfin, le chapitre 6 est consacré à une approche inspirée de l'œuvre de Michel Freitag, qui place le journalisme dans le cadre de la transformation plus large des institutions sociales.

Comme Pierre Bourdieu l'a fait dans son ouvrage *Sur la télévision,* j'éviterai le plus possible de donner des exemples précis d'émissions et de pointer du doigt des personnes spécifiques. D'abord, les exemples médiatiques vieillissent mal. Ensuite, le cœur du débat n'est pas de savoir si telle ou telle personne fait de la « bonne information », mais plutôt d'approfondir une question à mes yeux fondamentale : pourquoi y a-t-il si peu de « bonne information » ?

C'est à dessein que je présente cet ouvrage comme un manuel. Je n'y développe que très peu ma propre pensée, préférant m'effacer derrière celle des auteurs que je présente. L'intention première de ce livre est de rendre ces idées accessibles à un large public. Mon unique prétention intellectuelle est de les avoir réunies en un seul lieu, dans un ordre et une progression qui en éclairent au mieux la portée et le sens. Ce manuel met ainsi en scène, avec ces différents auteurs, un crescendo de la critique des médias. Il permet au lecteur d'approfondir, au fil de sa lecture, sa compréhension critique du journalisme.

Dans un esprit de vulgarisation et de synthèse, ce livre ne contient donc pas de citations directes et j'ai réduit au maximum le nombre de notes de bas de page. À la fin de chaque chapitre, on trouvera toutefois une liste d'ouvrages dont je me suis inspiré et qui peuvent aider à poursuivre la réflexion. Ceux et celles qui cherchent des démonstrations scientifiques ou des assises théoriques plus solides s'y référeront. J'ai également tenté de définir les termes plus techniques dès leur première utilisation.

Il est important de signaler que je ne suis spécialiste d'aucun des auteurs présentés ici, mais j'invite les lecteurs à aller les lire directement si cet ouvrage pouvait susciter un intérêt pour l'un d'eux. Ces auteurs ne couvrent pas non plus l'ensemble de ce qui a été publié sur la critique des médias, je les prends à la fois comme exemples et comme porte-étendards de leurs courants respectifs, mais il est évident qu'il subsiste plusieurs coins d'ombre dans le parcours que je propose. La lecture de cet ouvrage sera immanquablement frustrante pour une personne qui connaît bien les auteurs abordés, celle-ci devrait garder en tête que les pages qui suivent ne lui sont pas directement destinées.

Chapitre 1

L'idéal journalistique

Pour bien saisir ce qu'est le journalisme aujourd'hui et être en mesure d'en faire la critique, il faut d'abord savoir de quoi il est question quand on nous parle d'éthique journalistique. Pour cela, il faut s'intéresser à ce qu'on enseigne dans les écoles de journalisme, à ce qu'on propose dans les livres de référence au programme des étudiants en journalisme. Il est indispensable aussi de définir le modèle déontologique que prétendent défendre les associations de journalistes et les organismes de surveillance de la presse. C'est donc le portrait de l'idéal journalistique que ce premier chapitre cherche à tracer.

Il ne s'agit pas ici de présenter la position d'un auteur ou d'une institution en particulier, mais plutôt de refléter, dans la mesure du possible, le discours des journalistes quand ils s'expriment sur ce que serait leur métier dans le meilleur des mondes.

L'idéal journalistique est un peu comme cette petite voix intérieure qui chuchote : « Tu ne devrais pas faire ça » ou encore « Es-tu bien certain de pouvoir affirmer cela ? » On ne parle pas ici de technique (comment citer une source anonyme ou écrire un bon chapeau de texte), mais d'une conscience morale du rôle que le journaliste exerce dans la société.

Cet idéal n'est certes pas l'unique force qui dirige le quotidien des journalistes (c'est d'ailleurs ce que tenteront de démontrer les chapitres suivants). Par contre, il leur donne une assurance non négligeable. On le voit bien dans les conférences de presse : même chez les vieux routiers les plus cyniques, il se dégage une candeur surprenante. Tout le monde est absolument convaincu à la fois de sa propre importance, de l'importance du métier qu'il exerce et de l'honnêteté générale dans laquelle se déroule, sauf exception, le processus médiatique de transmission de l'information. Il est assez étonnant de voir à quel point la plupart des journalistes croient tenir, plus ou moins brillamment, le rôle que leur propose l'idéal journalistique.

Pour eux, la façon de faire leur métier est décisive : ils sont au centre de « ce qui se passe » politiquement et socialement. Non seulement « ce qui se passe » est important, mais les décisions qu'ils doivent prendre exigent une grande justesse : l'information qui paraîtra dépend de leurs choix éthiques. Le privilège qu'ils ont de fréquenter ceux qui exercent le pouvoir les investit en quelque sorte d'une conscience exacerbée de la nécessité d'une grande rigueur professionnelle.

Une vocation

Dans les écoles où on l'enseigne, et de la bouche même de ceux qui en exercent le métier, le journalisme est souvent présenté comme une « vocation ». *On fait ce métier parce qu'on y croit.* Cette phrase, qui résume bien l'essentiel de ce que beaucoup de journalistes disent de leur fonction, comprend deux propositions.

La première affirme que le journaliste exerce un métier. Il ne s'agit pas d'un emploi passager, purement alimentaire, mais d'un métier dans lequel on s'investit corps et âme, et qui exige aussi une *pratique*, une certaine expérience, une connaissance technique. Cette affirmation situe déjà le journaliste dans un lieu particulier du monde du travail. C'est un technicien. En se plaçant au niveau des corps de métiers techniques, le journaliste se range du côté des travailleurs et privilégie l'aspect « artisanal » de son travail. Toutefois, comment ne pas souligner que cette technique repose d'abord sur un acte de foi ?

C'est ce que sous-entend la seconde partie de la phrase, le « parce qu'on y croit ». Sortie de la bouche d'un maçon ou d'un plombier, cette phrase paraîtrait grotesque. Le maçon ne croit pas en la validité de sa technique, il la constate en voyant que son mur ne s'effondre pas. Ainsi, malgré son aspect pragmatique, la fonction du journaliste s'apparente davantage aux *professions libérales* qu'aux métiers proprement techniques. Un médecin, une avocate ou un professeur peuvent tous prétendre à la vocation, affirmer qu'ils exercent leur métier parce qu'ils croient en la médecine, en la justice ou en l'éducation. Le journaliste, lui, croit probablement en la démocratie. Il croit qu'information et démocratie sont profondément liées et que participer à mieux faire connaître ce qui se passe dans le monde politique aura, au bout du compte, un effet bénéfique pour la vie publique et pour la société.

Pourquoi faut-il des journalistes ?

Voyons de quelle façon les journalistes décrivent leur rôle dans la société. Ils auraient d'abord une raison pratique et quotidienne d'exister, celle de transmettre des nouvelles. En effet, en dehors des grandes catastrophes, un certain nombre d'évènements se produisent sans qu'on n'en sache jamais rien. Comment peut-on savoir, quand on n'y travaille pas, que tel ministère, qui semble fonctionner normalement, vient de décider de raser une forêt ou de mettre à pied 200 employés? De la même manière, une entreprise peut employer des sans-papiers pour des salaires très en deçà du salaire minimum alors que le public qui achète ses produits, lui, ignore tout de cette situation. Sauf si quelqu'un décide de mener une enquête et de lui transmettre les informations qu'il a recueillies.

Le journaliste offre donc un état de la situation, il relate « ce qui s'est passé aujourd'hui ». Sans sa voix, chacun serait confiné à ses petits évènements quotidiens sans pouvoir prendre connaissance de ceux qui se produisent au-delà de sa réalité immédiate. On mesure toute l'importance de ce rôle quand on essaie d'imaginer ce que serait la société sans personne pour s'acquitter de cette tâche. Que saurait-on, par exemple, de la guerre en Irak si les médias n'en avaient jamais parlé? On peut même s'intéresser à certaines questions dont on ignorait l'existence ou l'importance, tout simplement parce que les médias, eux, s'y sont intéressés. Les journalistes possèdent donc la capacité d'amplifier, voire de créer, des enjeux sociaux, ou de les garder sous le boisseau.

De cette tâche en naît une autre: la création de l'espace public démocratique. Pour prendre des décisions, on doit, comme citoyens, être tenus informés. Les médias peuvent ainsi donner à la population une information solide sur les questions pertinentes qu'elle doit se poser. Ils vont aussi lui offrir un forum où les idées vont pouvoir se déployer, où il y aura confrontation. En choisissant de présenter des positions politiques opposées, les médias donnent les outils indispensables pour prendre des décisions éclairées. Si, par exemple, la gestion des infrastructures routières devient un enjeu de taille, les journalistes vont filtrer la masse d'informations disponibles à ce sujet pour rendre cette question compréhensible et accessible à tous. Lors d'une élection, chacun pourra choisir le parti qui lui propose les solutions qui lui semblent les plus appropriées. Si la responsabilité du journaliste est utile à première vue, elle devient surtout primordiale comme condition de l'existence de l'espace public et de la qualité du débat politique.

On voit toute l'importance de bien jouer ce rôle d'information. Un journaliste mal intentionné, qui voudrait manipuler l'opinion publique, pourrait très bien donner à des évènements une importance qu'ils n'ont pas vraiment, ou les traiter de manière biaisée, agir pour le compte d'intérêts particuliers, ou encore, pourquoi pas, créer de toutes pièces certains « évènements ». Ce serait là une façon très efficace de nuire au corps social. Il faut donc déterminer une éthique qui puisse guider les choix journalistiques.

Quelles valeurs guident les journalistes ?

Six principes guident le travail journalistique : la priorité accordée aux faits, le souci de l'intérêt public, l'indépendance, l'honnêteté, l'approche généraliste et la responsabilité devant le public.

La priorité accordée aux faits est un autre nom pour ce qu'il est convenu d'appeler l'objectivité journalistique. Je préfère la première formule à la seconde, car l'idée que le journaliste s'intéresse d'abord à des faits décrit bien mieux la réalité et porte moins à débat. En effet, la notion d'objectivité fait l'impasse sur l'inévitable subjectivité du travail journalistique. Or, cette subjectivité ne s'oppose en rien à la priorité qu'on doit accorder aux faits tels qu'ils se présentent. C'est le doute, héritage de l'époque des Lumières, qui permet de composer avec ces deux dimensions, car le journaliste doit à la fois essayer de restituer le mieux possible la réalité et ne pas se laisser guider par des idées préconçues. Comme la réalité peut être interprétée de diverses façons, il est important de montrer les différents points de vue qui s'expriment sur une même situation. Cette méthodologie ne vise donc pas une transparence objective, mais une volonté subjective de décrire le mieux possible la situation telle que le journaliste la perçoit et la comprend. Ce ne sont pas les faits qui parlent à travers le journaliste. C'est le journaliste qui veut rendre les faits intelligibles au public en lui donnant toute l'information qu'il peut fournir dans le temps qui lui est imparti et avec les moyens dont il dispose.

Le second principe est celui de *l'intérêt public*. « Qu'est-il important que les gens sachent sur ce qui s'est passé aujourd'hui ? » doit se demander le chef de pupitre. La question omniprésente est celle de la pertinence des informations à sélectionner. Idéalement, il s'agit de déterminer ce qui intéresse le public, mais surtout ce qui *doit* l'intéresser en raison de sa portée politique, sociale ou économique. L'intérêt *public* est en cela différent de l'intérêt *du public* : le premier s'intéresse à ce que le public *doit* savoir et le second à ce qu'il *veut* savoir. Si les deux concordent, tant mieux. Sinon, l'intérêt public devrait primer, puisqu'il est nécessaire au fonctionnement démocratique de la société. C'est donc à partir d'une connaissance de l'histoire, du social et du politique, acquise par sa formation et son expérience, qu'un journaliste est en mesure de choisir les informations qu'il est pertinent de transmettre au public. Cette évaluation diffère d'un journaliste à l'autre, bien sûr, et c'est justement pourquoi la pluralité des médias est essentielle. Par leur diversité, les médias réussissent à compenser les erreurs subjectives de chacun et, dans leurs efforts pour offrir au public ce qui se rapproche le plus de son intérêt, ils réussissent à faire ensemble ce qu'ils ne pourraient réaliser seuls.

Autre principe fondamental lié directement à la défense de l'intérêt public : *l'indépendance.* Si l'on tient compte de son rôle dans une société démocratique, un journaliste doit, avant toute autre obligation, défendre son indépendance. Mais, parce qu'il est à l'emploi d'un média, peut-il vraiment désobéir à son patron s'il veut conserver son poste ? Oui, grâce à la pluralité des médias. Le journaliste qui se voit refuser la publication d'un article parce qu'il va à l'encontre des intérêts de son employeur peut toujours aller l'offrir à un concurrent. À plus forte raison si cet article embarrasse son patron… La possibilité de changer d'employeur et de lieu de publication permet donc au journaliste, dans un premier temps, de protéger son indépendance. Mais cela ne suffit pas.

Dans le cadre de son travail quotidien, un journaliste est appuyé et défendu par des associations qui sont là pour le protéger de toute emprise indue — celle d'un individu, d'un groupe ou d'une organisation. Reconnues et considérées par le public, ces associations peuvent dénoncer ouvertement les tactiques malhonnêtes utilisées contre des journalistes. Elles adoptent généralement un code de déontologie à l'usage des journalistes pour les guider dans leur pratique.

En ce sens, le développement de syndicats de journalistes et d'organisations professionnelles de journalistes (au Québec, la Fédération professionnelle des journalistes du Québec, la FPJQ, et l'Association des journalistes indépendants du Québec, l'AJIQ) a permis de préserver cette indépendance des journalistes vis-à-vis de leurs employeurs et des autres pouvoirs. Ces associations peuvent par exemple appuyer un journaliste à qui un rédacteur en chef aurait imposé une façon de présenter un évènement pour que son reportage corresponde mieux aux intérêts de leur entreprise.

Le jugement du public peut aussi se retourner contre le journaliste. Il lui revient donc de maintenir une réputation irréprochable et de mettre en pratique cette valeur indispensable : *l'honnêteté*. On considère comme honnête le journaliste qui fait tout ce qui a été mentionné précédemment : il s'intéresse à l'objet dont il parle, quels que soient son opinion sur la question ou ses préjugés, et il en présente toutes les facettes ; il a comme priorité de servir l'intérêt public et non les ventes de son média ou son propre intérêt ; il préserve son indépendance et ne dissimule aucun aspect du dossier dont il traite pour servir l'intérêt de son employeur ou celui d'un tiers. Faire preuve d'honnêteté, c'est tout cela, mais c'est plus encore.

L'honnêteté, c'est aussi ne pas prétendre à la neutralité lorsque dans les faits on n'est pas neutre, et c'est éviter les conflits d'intérêts. Le journaliste doit parler à visage découvert s'il est impliqué d'une quelconque façon dans une histoire, ou il doit passer le dossier à un collègue. Chaque journaliste a, de cela, sa propre compréhension, mais tous reconnaissent les limites réelles de la neutralité qui est attachée à leurs fonctions.

Au sein même de la communauté médiatique ou à l'extérieur, certains organismes doivent s'assurer de l'honnêteté et de la validité des gestes et des propos des journalistes. Ils ont même parfois le pouvoir de sanctionner directement des comportements. Au Québec, le Conseil de presse du Québec (CPQ) est un tribunal d'honneur dont les jugements n'ont pas de conséquences autres que morales, mais dont le blâme seul suffit à entacher la réputation d'un journaliste. Sa présence et sa vigilance contribuent à assurer au public la validité et la fiabilité des pratiques journalistiques.

L'honnêteté intellectuelle implique également de porter une attention particulière à la manière de présenter les informations, d'où l'importance de l'*approche généraliste* qui est celle du travail journalistique. En fait, le journaliste est plus un contre-spécialiste qu'un généraliste. Même cantonné pendant toute sa carrière à un seul domaine (politique, culturel, judiciaire), il reste un vulgarisateur. À lui de décoder le jargon des spécialistes pour amener le public à une meilleure connaissance des questions traitées. Il est donc en première ligne du combat contre le renfermement des savoirs sur eux-mêmes. Un journaliste économique, par exemple, ne devrait pas se contenter de faire défiler sur l'écran des indices boursiers en hausse ou en baisse, mais il devrait en expliquer clairement les tenants et aboutissants. De la même manière, jamais, dans les articles d'un journaliste qui couvre le domaine de l'éducation, ne devrait-on retrouver mot pour mot la langue de bois des théoriciens et des fonctionnaires du ministère.

Cette approche généraliste offre un réel contrepoids au pouvoir des spécialistes. En effet, à l'inverse d'une technocratie ou d'une aristocratie, la démocratie n'est pas le gouvernement des experts ou des meilleurs, mais bien celui de l'ensemble des membres de la société. On ne peut évidemment pas s'attendre à ce que tous les citoyens deviennent des experts de l'ensemble des enjeux cruciaux de leur société. C'est donc au journaliste de jouer son rôle de passerelle entre les experts et les citoyens non initiés à certaines questions. À défaut de quoi, ces experts deviendront les décideurs eux-mêmes.

Enfin, dernier principe fondamental qui doit guider le journaliste dans son travail : sa *responsabilité devant le public*. On voit bien ici le caractère politique de la position qui est la sienne. Car ce n'est pas devant son employeur, le gouvernement, le CPQ ou une quelconque entreprise privée qu'un journaliste est responsable, c'est d'abord et avant tout devant le public. C'est le public qui doit juger — et qui, idéalement, devrait le faire en fonction de l'intérêt général.

Défendant par son sens de l'éthique les valeurs démocratiques contre les périls de l'élitisme et de la technocratie, le journaliste assure ainsi la préservation du gouvernement du peuple, de la démocratie. Sa capacité à trouver, choisir et transmettre l'information pertinente au public fournit ou non le matériau nécessaire à la construction du débat politique. Sa loyauté est entièrement dévolue à cette tâche, et son seul crédit ou discrédit vient du public, pour l'intérêt duquel il travaille. Les honneurs des puissants, de l'État ou de ses patrons lui importent bien moins que la confiance des citoyens, qui savent qu'en le consultant sur un sujet donné, ils auront l'heure juste pour prendre une décision éclairée.

C'est en fonction de cette logique que le journaliste considère les conséquences possibles de son travail. Que ce dernier provoque l'effondrement d'empires politiques ou financier, qu'importe, pourvu que l'information publiée soit juste et pertinente. Chien de garde bien plus efficace pour la démocratie que la police elle-même, le journaliste ne doit pas relever de l'État, souvent l'instrument du pouvoir de certains, mais il doit s'adresser au pouvoir démocratique lui-même, c'est-à-dire au peuple.

Le mot « média » prend alors tout son sens de « médiation ». Le média se situe entre le réel foisonnant de faits et l'espace politique d'organisation de la réalité. Ce lieu médian qu'il constitue, c'est l'espace public, là où se construit la représentation même du social, cet espace de dialogue qui permet la prise de décision. Sans l'espace public, la description du social est réservée aux élites ou aux experts. Si elles contrôlent la description de ce qu'est la réalité sociale, ces élites n'ont qu'un pas à faire pour prendre d'elles-mêmes les décisions politiques que la réalité « exigera ». C'est donc pour éviter le discours tautologique et autoréférentiel de la parole du maître et de la domination qu'existe le métier de journaliste. Pour, d'un même coup, pointer du doigt ces logiques circulaires et transférer à la population le pouvoir qu'autorise le savoir.

Un idéal éthique et volontariste

On aura noté, dans l'idéal qui doit animer les journalistes, la place du souci pour le travail bien fait et de la rigueur. Ce souci,

aussi louable et essentiel soit-il, est fondé sur la volonté individuelle. C'est effectivement en leur for intérieur que les journalistes défendent le plus ardemment la société. Cela ne relève
pas d'un système idéologique, d'une structure sociale ou d'une
certaine organisation de groupe, mais bien de choix éthiques
conséquents et d'une volonté d'exercer son métier le mieux
possible. Les instances de vérification ne sont nécessaires qu'après.
Cette régulation à postériori suppose que la majorité des journalistes fait bien son travail ; elle n'est là que pour repérer les
« pommes pourries », les exceptions qui s'écartent du droit
chemin. Si les journalistes transgressaient constamment les
principes fondamentaux de leur métier, ces modes de régulation seraient complètement inefficaces.

Pour aller plus loin

BERNIER, Marc-François, *Éthique et déontologie du journalisme,* Québec,
PUL, 2004.

FPJQ, *Guide de déontologie de la Fédération professionnelle des journalistes
du Québec,* www.fpjq.org/index.php ? id=82

LARUE-LANGLOIS, Jacques, *Manuel de journalisme radio-télé,* Montréal,
Éditions Saint-Martin, 1989.

Radio-Canada, *Normes et pratiques journalistiques,*
www.cbc.radio-canada.ca/fr/rendre-des-comptes-aux-canadiens/lois-et-
politiques/programmation/journalistique/

SAINT-JEAN, Armande, *Éthique de l'information. Fondements et pratiques
au Québec depuis 1960,* Montréal, PUM, 2002.

SORMANY, Pierre, *Le métier de journaliste,* Montréal, Boréal, 2000.

Chapitre 2

Les critiques déontologiques

QUI SERAIT ASSEZ NAÏF pour croire que les journalistes respectent toujours les règles élémentaires de leur métier? L'auditoire et les lecteurs se gênent d'ailleurs rarement pour se plaindre des écarts de conduite qu'ils constatent dans la pratique journalistique. Et quand on se penche sur la question, on constate la marge importante qui existe entre cette pratique et les objectifs éthiques du journalisme.

Les critiques présentées ici ne sont ni nouvelles ni surprenantes. Si on s'intéresse un tant soit peu au rôle des médias, on aura déjà eu vent de certaines d'entre elles. Qui en sont les auteurs? Il s'agit essentiellement d'universitaires, de spécialistes des communications et d'anciens journalistes. Il n'existe pas d'école de pensée de la «déontologie» journalistique, de laquelle des auteurs se revendiqueraient. La communication est en effet une jeune discipline qu'on enseigne dans les universités, dans des écoles spécialisées et des instituts. Le phénomène grandissant des communications de masse y est un sujet d'étude qui ne cherche pas tant à analyser le virage technologique qui a permis ce phénomène (même si cet aspect n'est pas écarté), qu'à comprendre ce qui a changé dans la communication elle-même et dans son rapport avec la société. Les médias et les journalistes sont, cela va de soi, au cœur de ces champs d'études. On s'interroge ainsi sur le rôle réel des journalistes, sur l'influence des médias sur la politique ou sur l'économie, et sur leur regard sur le monde. On réfléchit sur l'avenir des sociétés où les médias occupent un espace grandissant et sur la capacité du public d'assimiler toute l'information et d'en tirer pleinement les conséquences. Ainsi, grâce à une analyse attentive de ce qui se dit et se fait dans les médias, la réflexion critique peut mettre en lumière les tendances, variations et dynamiques qui se dessinent.

Pour mieux comprendre les critiques déontologiques, il faut les mettre en parallèle avec l'idéal journalistique dont on a parlé précédemment, idéal qui leur sert d'étalon pour juger les médias.

On peut regrouper les critiques déontologiques sous les six thèmes suivants : l'information-spectacle, la capacité d'établir l'ordre du jour social et politique, la fragmentation des discours, la normalisation des discours, le mimétisme et la concentration de la presse.

L'information-spectacle

Parce qu'il peut englober plusieurs phénomènes, on retrouve très fréquemment dans les critiques ce concept d'information-spectacle. Il désigne en général trois faits observables dans le milieu de l'information : le mélange des genres, la place croissante du divertissement en information et l'insistance sur la dimension « humaine » d'un sujet (ce qu'on appelle dans le milieu le *human interest*).

D'un point de vue déontologique, le *mélange des genres* pose problème. Il brouille en effet toute distinction entre l'information d'intérêt public et le divertissement. On l'observe particulièrement dans les émissions de télé ou de radio qui adoptent le format « magazine ». À la différence du classique *talk show* — qui fait lui aussi dans la variété, mais reste dans le domaine culturel — , le « magazine » occupe des espaces d'information et d'affaires publiques auparavant réservés aux émissions d'information. Ainsi, dans un même magazine, on va voir défiler, pêle-mêle, des conseils beauté-santé, un débat sur l'éducation, un reportage sur les bonnes adresses de New York et une réflexion sur l'avenir du féminisme après la diffusion de *Sex and the City*. La pertinence d'un tel format d'émission a de quoi rendre sceptique... Quant aux effets de cette pratique sur la qualité de l'information, le moins qu'on puisse dire, c'est qu'ils suscitent bien des questions.

Le mélange des genres produit inévitablement une dévalorisation de l'information. C'est le premier de ses effets. Désormais, pour susciter l'intérêt de l'auditoire, un débat sur l'éducation doit être logé entre des conseils de chasse et pêche et des recommandations pour choisir le bon t-shirt. On pourra bien prétendre qu'un tel rapprochement donne l'occasion de s'y intéresser à des gens qui ne l'auraient pas spontanément fait. Mais c'est là vouloir résoudre un problème (les gens ne regarderaient pas un débat sur l'éducation) en le prenant pour prémisse. Comme si, en le coinçant entre du plein air et des vêtements, on rendait ce débat plus intéressant. La vraie question (comment présenter un débat sur l'éducation pour qu'il intéresse les gens ?) n'a pas été abordée et reste entière.

La pratique du mélange des genres laisse aussi entendre que l'information, c'est très ennuyeux. On voit la pente glissante : il faut cacher l'information derrière du strass et des paillettes. On reprochera à ce modèle, d'un point de vue déontologique, de répandre auprès des journalistes et des concepteurs d'émission le préjugé tenace que le spectacle a plus d'attrait que le désir d'être informé. L'information ne devient alors qu'un « mandat » laborieux et pénible à remplir, tandis que le spectacle est un moment de plaisir que tout le monde recherche.

Deuxième effet du mélange des genres : il valorise souvent des informations qui n'ont pas de réelle importance. Si on présente l'information d'intérêt public côte à côte avec le spectacle, on les place sur un pied d'égalité, on leur accorde la même importance. En donnant l'impression que le temps qu'on passe à consommer de la mode ou du sport est aussi important que celui dévolu aux enjeux du mouvement des femmes ou des débats sur le système de santé, le mélange des genres absorbe les affaires publiques dans le spectacle.

Ce n'est pas tout. Ce type d'émissions est le plus souvent confié à des animateurs qui n'ont aucune formation ou expérience en journalisme. On verra ainsi un animateur choisi pour son expérience d'humoriste, de comédien ou de critique culturel interviewer des personnalités politiques devant de vastes auditoires. Les techniques de relations publiques développées par la classe politique pourront alors être utilisées à fond pour faire passer la « cassette » (le message voulu), le mélange des genres laissant à des amateurs la tâche difficile de contourner ces stratégies.

On voit de plus en plus d'émissions miser sur cette formule, écartelées qu'elles sont entre le *talk show,* le divertissement culturel, le journalisme de consommation, le show-business et l'information. Mais qu'en est-il des émissions d'information proprement dites? Là aussi, selon les critiques déontologiques, l'emprise du spectacle est en pleine croissance.

L'espace que *l'information divertissante* occupe dans les émissions d'information s'élargit sans cesse. Or, si l'on s'en tient à l'idéal journalistique, l'information doit répondre en priorité à l'intérêt *public* plutôt qu'au simple intérêt *du public.* Ce qui est à mille lieues de ce qu'on voit dans certaines émissions d'affaires publiques où des tribuns tonitruants commentent les nouvelles du jour avec force provocations et formules à l'emporte-pièce. Comment parler ici d'information? Au mieux, ces commentateurs divertissent le public et, la plupart du temps, l'abrutissent avec leur version simpliste des évènements. L'information se noie dans le commentaire, au point de lui servir de prétexte; la démagogie prend possession de l'espace public. Ce que les téléspectateurs retiendront, c'est l'indignation, le recours opportuniste au «gros bon sens» ou la grossièreté du tribun, et les faits rapidement présentés en amorce seront vite oubliés. Le divertissement devient diversion — ce qui n'est pas sans lien avec son étymologie — et, ainsi, le regard du public va changer de direction: il va se porter sur le commentaire superficiel plutôt que sur les faits ou sur ce qui pourrait être une analyse raisonnée.

On peut remarquer aussi la place prise par les chroniqueurs en tout genre. Billets d'humeur et chroniques dans les médias écrits, commentaires aux accents très personnels dans les médias électroniques: l'information cède le pas à l'opinion. Pour se démarquer les uns des autres, tous ces chroniqueurs doivent eux aussi jouer à fond la carte du divertissement. On favorisera alors les points de vue bien tranchés, les appels aux sentiments et le dosage habile de la conviction et du sarcasme.

Cette critique de l'information-diversion s'applique aussi au monde du journalisme économique. Les couvertures à mi-chemin entre le publi-reportage et le journalisme de consommation y prolifèrent. Dans les cahiers «Affaires» de certains journaux et sur les chaînes spécialisées, l'information est nettement moins économique qu'entrepreneuriale. Les regards portés sur l'économie se limitent souvent à mettre en valeur les progrès de telle ou telle compagnie et à énoncer en rafale et sans mise en contexte les différents indices nationaux (chômage, PIB) et boursiers (Dow Jones, Nasdaq). L'analyse de l'économie se réduit ainsi à une observation de l'atmosphère de la bourse — à peu près comme à la météo — ou aux péripéties de quelques capitaines d'industrie, présentés comme de vrais héros de roman. On pourrait se croire à un tirage de loterie ou dans un reportage sur les grandeurs et misères des gens riches et célèbres.

Pour les critiques déontologiques, en privilégiant cette information-divertissement cousue de pseudo-nouvelles, on détourne la mission première des émissions d'information et des quotidiens, et on réduit l'espace et l'énergie qui devraient être consacrés à l'information rigoureuse. Cela affecte aussi le débat public, qui dérive trop souvent vers des questions stériles montées en épingle par un délire spectaculaire.

L'information-spectacle prend une autre forme dans les reportages des médias écrits et électroniques lorsqu'ils portent leur attention sur la dimension humaine (*human interest*) d'un sujet. Ce *human interest* transforme en effet le traitement de la nouvelle. Au lieu de se concentrer sur les faits bruts qui entourent l'information, le journaliste doit s'intéresser au vécu des personnes gravitant autour de l'évènement qu'il couvre. Des anecdotes tout à fait accessoires deviennent soudainement «intéressantes» : la petite journée tranquille d'une personne avant qu'elle n'apprenne une histoire tragique, la vie privée d'un homme politique pendant une période cruciale pour la nation, etc. En plein reportage d'information, on s'éloigne soudain du contenu pour passer en mode spectaculaire et émotif. Ce qui aurait pu être important pour le public est éclipsé au profit du petit trait qui peut lui arracher un sourire ou, mieux encore, une larme.

L'importance qu'on accorde à l'émotion va aussi transformer la trame narrative des évènements. L'évènement crucial qu'on raconte, à la télévision par exemple, au lieu d'être mis en perspective de sorte que le téléspectateur se sente concerné par lui comme citoyen, devient simplement l'histoire de quelqu'un *d'autre*. Le téléspectateur cesse alors d'être directement concerné par cet évènement. Il va être touché par une histoire étrangère à sa réalité, comme s'il regardait un film. Et c'est ainsi que le spectateur au bord des larmes se déconnecte du citoyen informé.

Le reportage axé sur la dimension humaine est fermé sur lui-même, il se « résout » sans qu'il y ait de suite à lui donner. La seule réaction qu'il appelle est l'émotion immédiate que le personnage mis en scène doit susciter, et cette émotion se suffit à elle-même. Ce spectacle ne demande aucune réflexion subséquente et, on s'en doute, n'incite à aucune action. Dans ce registre, l'information se réduit à une succession de récits et évacue toute suggestion d'un lien possible avec le public. Baignant ainsi dans la mièvrerie, le lien de cette information-spectacle avec une réalité collective se rompt peu à peu.

La détermination de l'ordre du jour social et politique

Les médias peuvent, volontairement ou non, établir l'ordre du jour social ou politique (l'*agenda setting*). C'est ce qui se passe lorsqu'on utilise le pouvoir des journalistes pour propulser au premier rang des nouvelles ou de la discussion publique un fait ou un événement qui serait autrement mort au feuilleton. Ce comportement, bien entendu, contrevient aux règles élémentaires de la déontologie journalistique. Nous l'avons vu dans le chapitre précédent, les journalistes peuvent porter des jugements sur des événements ou des personnes présentent dans l'actualité, et ainsi influencer l'opinion publique. Un tel pouvoir s'accompagne d'obligations strictes, dont la probité intellectuelle n'est pas la moindre. On sait que le pouvoir d'influence des médias est tel qu'il peut même créer de toutes pièces des personnalités publiques, voire imposer des sujets dans l'actualité — en somme, créer l'événement au lieu de le rapporter.

Le scénario du film hollywoodien *Wag the Dog* (*Des hommes d'influence*) trace à gros traits le procédé par lequel on peut fixer l'ordre du jour politique : on y suit un réalisateur de cinéma engagé par le gouvernement pour simuler l'existence d'une guerre, à la seule fin de détourner l'attention des frasques sexuelles d'un président américain. C'est là un cas poussé à l'extrême, on en convient. Mais, dans la réalité, des journaux moussent parfois subrepticement une idée ou le programme d'un candidat aux élections. L'industrie des relations publiques dépense beaucoup d'énergie et d'argent pour capitaliser sur cette capacité qu'ont les médias de fixer l'ordre du jour politique. Ainsi, du point de vue de la déontologie journalistique, cette dernière formule désigne toute pratique qui modifie ou ajoute délibérément un événement à l'espace public, dans le but d'obtenir un effet politique ou économique précis — par exemple, attirer ou détourner l'attention du public à un moment stratégique. Les médias se laissent alors instrumentaliser.

Les journalistes sont rarement à l'origine de ces manœuvres claires et organisées. Ce sont surtout les firmes de relations publiques, dont la principale fonction consiste à imposer les vues de leur client dans l'actualité (de *spinner,* selon le jargon du métier). C'est souvent par insouciance, paresse ou surcharge de travail que les journalistes se laissent manipuler par ces stratégies qui visent à donner le ton à l'actualité politique et sociale. Parfois aussi, ils partagent les vues qu'on tente d'imposer. Mais dans tous les cas, cette collaboration est rarement préméditée ou volontaire. Il arrive cependant que certains médias soient, à l'occasion, responsables d'une manipulation de l'information à des fins politiques.

C'est ce qu'illustre, par exemple, le documentaire *Outfoxed.* Il nous présente un nombre incroyable de cas où l'ordre du jour politique a été fixé par la chaîne de télévision FOX, que contrôle le magnat des médias Rupert Murdoch, bien connu pour ses attaques féroces contre le Parti démocrate et son appui sans réserve aux républicains — chaîne dont s'inspire ouvertement Sun TV News au Canada. Les exemples de manipulation à des fins politiques abondent dans ce documentaire : on demande à des journalistes de mentir, on renvoie ceux qui refusent de le faire, on accorde plus de temps d'antenne aux républicains qu'aux démocrates, on intimide des invités gênants, etc.

On aurait pourtant tort de croire que les médias se comportent toujours aussi grossièrement. Établir l'ordre du jour social et politique se fait généralement de façon beaucoup plus subtile. Par exemple, en publiant une série d'éditoriaux sur un thème particulier pour créer artificiellement un débat, ou en proposant une analyse de sondage remarquablement biaisée, qui met en valeur certaines positions ou certains personnages politiques. Les sondages en question n'ont même pas à relever d'une méthodologie douteuse ; le simple fait de commander un sondage, de choisir les questions à poser à un moment précis de l'actualité peut déjà, en soi, fausser l'information.

Les questions politiques ne sont pas les seules à faire l'objet de manipulations dans les médias. Le traitement de certaines nouvelles économiques fonctionne exactement de la même manière. Se prêter aux projets des intervenants interviewés n'a rien de difficile : on prétexte un oubli, on choisit de n'être qu'une courroie de transmission. Dans certains débats — celui sur l'endettement public du Québec, par exemple —, il suffit de toujours éclairer les évènements avec la même perspective, et on habitue son public à ne plus valider que celle-là. C'est dans le secteur économique que la détermination artificielle de l'ordre du jour s'exerce avec le plus de facilité. Cela peut tenir d'une méconnaissance de ces enjeux par les journalistes ou d'une absence de diversité de discours à leur sujet.

Que l'objectif soit politique ou économique, ou qu'il s'agisse simplement de détourner l'attention de ce qui compte, cette pratique pose, pour les critiques déontologiques, la question de la puissance performatrice — la capacité de créer le réel par le discours — des productions journalistiques. Jusqu'à quel point les médias créent-ils les évènements de l'espace public? Jusqu'à quel point le font-ils intentionnellement? Quel poids joue la structure des entreprises médiatiques dans ces choix, et quel est celui des journalistes exécutants? La simple notion de fabrication de l'ordre du jour ne suffit pas pour répondre à toutes ces questions. Nous reviendrons dans les chapitres suivants sur quelques pistes pour dépasser les limites de cette analyse.

La fragmentation des discours

Les critiques déontologiques évoquent la fragmentation des discours pour qualifier la réduction progressive de l'espace ou du temps d'antenne laissé aux intervenants par les médias. Pour s'en assurer, il suffit par exemple d'écouter des documents d'archives, comme ceux qu'offre le site internet de Radio-Canada, ou de parcourir un ancien article de journal, et de s'attarder spécifiquement à l'espace ou au temps qu'ont les intervenants pour s'exprimer. La comparaison avec des documents contemporains est éloquente. Plus le document est récent, plus le discours qui lui sert de contenu est fragmenté. Par exemple, dans des comptes rendus de congrès politiques datant d'une vingtaine d'années, on entend les tribuns discourir sans interruption pendant de longues minutes. Aujourd'hui, on trouvera peut-être une telle couverture sur certaines chaînes télévisées de nouvelles continues. Et encore. La plupart du temps, elles n'offrent même pas un suivi de la scène politique réelle, préférant couvrir *in extenso* des événements déjà formatés pour les médias comme le sont les conférences de presse.

On constate ainsi une réduction du temps de diffusion alloué aux discours rhétoriques ou explicatifs. Tout l'espace qui pouvait être consacré à de longues allocutions est envahi par le discours-action. Au lieu de diffuser un débat de congrès ou des discours enflammés reflétant une controverse, on diffusera la conférence de presse qui suit, où le leader aura quelques secondes — le temps d'un clip — pour énoncer sa position. Au mieux, un journaliste pourra donner rapidement quelques éléments de contexte avant de passer à une autre prise de position adoptée par le congrès. S'il y a des entrevues, les politiciens seront seulement tenus de répondre à une succession rapide de questions et de se justifier. En somme, tenter de convaincre, de discourir sur un sujet pour amener le public à un certain point de vue sont autant d'activités qui se raréfient dans les médias.

Cette disparition du discours politique brut est doublée d'une fragmentation de la forme qui est donnée à ces contenus lors de leur diffusion. Un clip sonore ou vidéo moyen se résume souvent à six ou huit secondes; une citation dans un article, à quelques mots. L'important, c'est désormais de trouver des phrases-chocs et imagées qui puissent marquer l'esprit du public, puisqu'on ne dispose plus de temps pour expliquer.

L'interaction entre relationnistes et journalistes nourrit cette fragmentation grandissante. Cela se vérifie notamment par le temps dévolu aux conférences de presse, raccourcies elles aussi pour que les médias retiennent le bon clip, celui qu'a préparé l'équipe de communication. Une seule phrase courte émergera peut-être des 20 minutes de rencontre avec les journalistes. Les relationnistes s'arrangeront alors pour que ce soit la bonne, et pour qu'on ne retienne surtout pas un moment de confusion ou de digression. Pour éviter toute incartade, on cantonne aussi les acteurs politiques à une langue épurée et sans aspérité qui, sous prétexte d'éviter les dérapages, neutralise la verve et la passion.

La fragmentation lisse ainsi les discours. Esquivés les manies, les tics de langage et les hésitations, disparus les emportements, les thèmes récurrents, les doutes et les lapsus gênants. On préfère sacrifier les liens directs entre la population et ses élus. Longtemps, les politiques se sont directement adressés à la population par l'entremise des médias. Aujourd'hui, on annonce leurs prises de position ou leurs décisions dans des tribunes qui laissent libre cours à l'image et à l'esbroufe.

Dans les médias écrits, la fragmentation est double. Là encore, on constate la diminution de la longueur des citations par rapport à autrefois : le paragraphe n'est plus qu'une phrase, sinon une demi-phrase. Inutile de souligner la perte de mise en contexte qui en résulte.

Des querelles de clocher éclatent également entre responsables des relations publiques et journalistes. Cette fois, ce sont les relationnistes qui voudraient des citations qui courent sur deux pages pour que chaque phrase un peu « sensible » soit bien expliquée, pour qu'on en saisisse la substance ou, interprétation à peine cynique, pour que le discours soit le plus dilué possible. Les journalistes, eux, considèrent que ce qui est dit est dit, surtout s'il s'agit d'un impair. Peu importe ce qui devait être dit ou ce qu'on voulait dire : les mots ont été prononcés, on peut les imprimer, avec ou sans le contexte. De ce jeu d'intérêts concurrents résulte un appauvrissement général du discours. Et le public en fait les frais.

L'autre cas de figure de fragmentation des discours dans les médias écrits est la réduction du nombre de mots accordés aux textes d'opinion et d'idées. De 1 000 mots il n'y a pas si longtemps, la norme oscille maintenant entre 500 et 750 mots. Cela tient notamment à la réduction des plages disponibles dans les quotidiens : on donne de plus en plus de place aux publicités et aux photos et on rapetisse le format des pages. Plus question de diffuser les textes intégraux des discours importants, et on charcute même l'argumentaire des textes explicatifs. Moins d'espace se traduit habituellement par moins de profondeur. La situation est identique pour les débats en tribune libre. Ils s'étendaient auparavant sur plusieurs jours. Aujourd'hui, sous prétexte de ne pas perdre le lecteur qui n'aurait pas suivi un débat, on publiera très rarement la réplique donnée à une réplique. Le débat est clos en un seul échange. La fragmentation s'accélère et elle atteint aujourd'hui dans les pages des journaux tous les discours, qu'il s'agisse de discours rapportés ou de discours directs.

D'aucuns ajouteront que les médias sociaux participent à cette fragmentation. L'obligation de s'en tenir à de petites phrases-chocs, rédigées en quelques mots et en quelques minutes empêche de développer un argumentaire complexe et élaboré. Si certains réussissent à éviter ces pièges, la plupart simplifient à outrance, sacrifiant parfois l'exactitude et la rigueur.

Pour les critiques déontologiques, en réduisant sans cesse les espaces de discours, les médias participent à la transformation de l'espace politique : il devient un lieu où une simple présentation prend le pas sur une réelle représentation. Les politiques se présentent à nous dans une langue simpliste, offrent des images qui doivent frapper les esprits, annoncent leurs décisions et se retirent de la scène. Une politique rapide et efficace, mais une politique exempte de dialogue et de participation.

Normalisation des discours

Quand on raconte une histoire, on lui donne un certain ordre. Pour qu'elle ait un sens, bien sûr, mais aussi pour tenir compte de certains objectifs : faire rire, indigner, surprendre, toucher, éveiller, etc. La façon d'ordonner le discours, le « schème narratif », peut donc varier selon l'objectif choisi. Le choix d'un schème donné peut être longuement mûri (par exemple, lorsqu'un spécialiste prépare un discours public), ou il peut être quasi-automatique (quand on raconte sa journée à ses proches, par exemple). Quand il est fait spontanément, ce choix puise dans la banque de schèmes narratifs qui nous sont familiers parce que transmis et répétés depuis l'enfance par les histoires que nous lisaient nos parents, par la télévision et le cinéma, par le système d'éducation qui a été le nôtre et par ce que nous racontent les autres quotidiennement.

Or, certains de ces schèmes sont particulièrement efficaces et généreusement utilisés dans la culture populaire du spectacle et du divertissement. Hollywood et Bollywood sont des exemples parfaits de lieux qui usent et abusent de ces schèmes narratifs. Comme le savent les habitués de ces épicentres du divertissement mondial, il est facile de prévoir certaines scènes de film ou même d'en prédire, dès le début, le dénouement.

Nous touchons ici à ce que les critiques déontologiques nomment la « normalisation des discours médiatiques ». Cette normalisation est visible lorsque les discours tenus par les médias adoptent fréquemment les mêmes schèmes narratifs. Le langage médiatisé et donc les évènements de la sphère publique s'en trouvent ainsi standardisés, dépouillés de toute diversité. De plus, la complexité et les détails des événements sont facilement élagués sous prétexte qu'il ne faut pas « perdre » l'auditeur.

L'objectif n'est pas de livrer ici quelque liste exhaustive de ces clichés narratifs structurant le discours médiatique ; il y en a beaucoup trop. Contentons-nous d'en citer quelques-uns. Un premier exemple de normalisation des discours s'incarne dans le truisme suivant : il y a toujours deux côtés à une médaille. Outre le simplisme de cet aphorisme, on en constate l'inanité chez les journalistes qui s'efforcent d'équilibrer chaque propos en trouvant quelqu'un pour dire le contraire. On couvre une manifestation pro-choix ? Cherchons un groupe conservateur pour faire contrepoids. On parle de sida et de contraception ? Dénichons un évêque qui plaide l'abstinence ou le mariage.

Cette application mécanique d'une parité artificielle du pour et du contre a de nombreux désavantages. Elle peut parfois entretenir l'illusion d'un débat social sur un enjeu en accordant une importance indue à un groupuscule qui tente de ranimer une controverse éteinte de longue date. Il ne s'agit pas de condamner la présentation de diverses opinions sur une question. Mais le faire systématiquement transforme tout débat en une opposition manichéenne entre deux points de vue, qui appelle à tout bout de champ les citoyens à faire un choix déchirant. Plus encore, en choisissant de mettre l'accent sur la controverse plutôt que sur le contenu des arguments, on conduit facilement le public à se faire une opinion en fonction de la personnalité des intervenants plutôt que de ce qu'ils défendent.

Le manichéisme de cette présentation a aussi le désavantage de faire de chaque débat un affrontement plutôt que de le présenter comme un dialogue possible. Il s'agit de choisir son camp et, surtout, de bien camper ses positions. Cette tendance ne favorise pas un débat social sain, mais plutôt une montée des tensions autour de certains enjeux, même lorsqu'au départ il n'existait pas d'opposition marquée au sein de la population.

Un deuxième schème narratif est celui de la résolution des problèmes sociaux en trois étapes. On désigne d'abord un problème auquel on propose immédiatement une solution, afin de décréter le plus vite possible le problème résolu. Cette approche repose sur des présupposé. Le premier est que tout problème comporte une solution. Le second, plus structurant encore, est que pour tout problème social on peut trouver un responsable, dont la tâche est de proposer une solution. Corollaire : la personne en question doit aussi être tenue responsable du problème, puisqu'elle n'avait pas encore appliqué cette solution. On comprend que les problèmes auxquels sont confrontées nos sociétés trouvent rarement de solutions aussi facilement.

Un autre schème narratif très présent dans le monde des médias est celui du match sportif. Tout débat est assimilé d'emblée à une compétition. L'analyse médiatique trouve là un autre expédient qui lui permet d'ignorer les questions de fond et leurs référents sous prétexte de s'adresser au « vrai monde ». On divise alors les participants à un débat en deux équipes, dont on évalue les chances de l'emporter. On passe sous silence toute réflexion sur les justifications et effets possibles des principes et des propositions sur la table. Au lieu de permettre à une société de réfléchir à son avenir, les médias se déguisent en arbitres et commentateurs pseudo objectifs d'un litige qui n'a pour tenants et aboutissants qu'une dynamique de prise de bec n'appelant que des paris. De tel organisme de défense des droits, par exemple, on suggèrera qu'il n'a aucune chance de l'emporter tant le gouvernement est décidé à agir, ou alors, au contraire, on lancera que son appui public et son influence sont tels qu'il remportera certainement le combat.

Le meilleur exemple d'utilisation de ces clichés narratifs est la couverture médiatique des partis politiques, en particulier des campagnes électorales. En suivant pas à pas les autobus des chefs, les journalistes éludent rapidement les contenus (qu'ils entendent plusieurs fois par jour et souvent dans les mêmes formulations) pour s'attarder aux anecdotes, qui les intéressent davantage. Ce qui se retrouve ainsi au centre des reportages successifs, c'est la flèche décochée à l'autre leader, la panne d'autobus ou d'avion, le ton et l'attitude générale, la réaction à un imprévu, etc. Qui se souvient du contenu des débats? Les journalistes qui commentent les débats des chefs s'occupent bien moins des enjeux abordés et des positions défendues que de mettre de l'avant celui qui a remporté le débat. Si tant est que l'on fasse place au contenu, c'est pour l'analyser selon cette même logique. Tel énoncé est avantageux pour tel parti parce qu'il va lui attirer les votes de tel groupe. Telle autre proposition est désavantageuse parce que mal comprise ou floue pour la population. L'analyse médiatique en vient à se réduire à une extension parlée des sondages d'opinion et n'a plus qu'un seul critère, celui des probabilités de succès.

Les conséquences du recours à ce schème du match sportif sont plus lourdes qu'il n'y paraît : en faisant du débat politique une joute entre combattants, les médias tirent la représentation politique vers son acceptation médiévale où il n'était pas question de représenter les gens, mais plutôt de se mettre en représentation spectaculaire pour un public. Le politique bascule ainsi hors de portée des citoyens, et les tentatives bon enfant de faire « participer » le public à la course (groupes témoins suivis pendant la campagne, commentaires de « monsieur tout-le-monde ») tiennent du même principe et ne permettent à ces quelques personnes que de dire pour quel parti elles « prennent », comme on le ferait pour tel ou tel club de hockey. Le débat politique se réduit alors à une simple affaire de choix personnel et on prétend faire du journalisme en donnant l'opportunité à chacun de parler de son choix, sans pousser plus loin la réflexion.

Quelle ironie alors que ces appels paternalistes au vote que s'autorisent les animateurs de bulletins de nouvelles, et dans lesquels ils nous sermonnent que « le jour du vote, c'est vous qui choisirez celui ou celle qui, parmi les candidats en lice, dirigera le Québec ». Tout le reste de leur couverture donne pourtant l'impression inverse, celle d'une tendance qui se maintient et se réalise sous nos yeux, de prévisions qui s'avèrent et de sondages qui nous l'avaient bien dit. L'incertitude et la capacité citoyenne de revoir des positions et de pencher au dernier moment pour une autre option ne sont que très rarement envisagées et validées autrement qu'à postériori.

Un dernier schème narratif qui caricature la vie publique et médiatique est celui du Sauveur ou de l'Homme-de-la-situation. Ce schème assimile tout progrès social à la présence et à l'intervention de *dei ex machina,* de messies responsables de l'avancement de l'humanité ou de la nation. Qu'il s'agisse de militants fervents d'une cause qu'ils porteraient à bout de bras ou, plus essentiels encore, de timoniers de peuples qui seraient perdus sans leur gouverne, ce schéma du chef nourrit non seulement la littérature, le cinéma et la télévision, mais aussi l'analyse historiographique et la prospective ; les médias y puisent et cotisent abondamment.

Ainsi, qu'on nous présente une entreprise, un courant de pensée, un parti politique, un style musical ou un groupe d'activistes, on l'associe quasi systématiquement à l'œuvre d'une seule personne. De cette manière, Microsoft devient Bill Gates ; la modernité, Descartes ; le Parti québécois, René Lévesque ; la musique classique, Mozart ; et la consommation responsable, Laure Waridel. Ce réflexe mène tout droit à la personnalisation de l'espace public. Ainsi, on ne pose plus qu'une seule question : qui ? On invite le public à chercher et à attendre le sauveur suprême, le César, le tribun rassembleur qui viendra, par sa bonne direction ou par simple charisme, guider la collectivité vers son avenir.

Au Québec, la réflexion sur la question nationale a été plombée par ce schème du sauveur. Tour à tour, René Lévesque, Lucien Bouchard, Jean Chrétien et Jean Charest ont été présentés comme les «stars» de telle ou telle option constitutionnelle. Épineuse, la question devrait être réglée par un leader charismatique capable de convaincre et de mener ses troupes et son peuple à bon port. Par la force de leur volonté, par le caractère séduisant de leur parole, par la justesse de leurs gestes, ces sauveurs écriraient eux-mêmes l'Histoire. Ce schème amène à valider l'idée que tout se passe en coulisses et que tout est le fait d'«initiés» de la sphère politique et économique : qui rencontre qui, quel mandarin prend quelles décisions, quelle discussion historique ou quel pacte secret détermine le politique… C'est entre leurs mains et autour d'eux que tout est censé se passer. Sauront-ils réunir les éléments pour accomplir leur mission ? Cette trame narrative est tissée de suspense et réduit le public au rôle de spectateur impuissant.

L'éclairage jeté à contrario sur la vie privée de toutes ces grandes pointures ne déroge pas au schème, en feignant de nous rapprocher des icônes ainsi créées. Dire qu'un sauveur est un être humain comme les autres, c'est d'abord admettre son statut de sauveur (ou au moins de personne extraordinaire), sinon pourquoi devrait-on nous rappeler que c'est *aussi* quelqu'un comme nous ? C'est également, par la bande, célébrer le mode de vie qui nous est commun, valoriser notre quotidien en nous disant que même nos chefs le partagent. En montrant le salon de celui-ci, les petites habitudes de celle-là et les manies de ce dernier, on montre quelque chose qui n'est intéressant que parce qu'il est fait par quelqu'un d'à priori extraordinaire. Autrement, le fait relaté serait tellement banal qu'il n'aurait pas valeur d'information.

Le mouvement de dépossession est évident : en créant de telles icônes, on masque des mouvements qui, en fait, les dépassent. On retire au peuple son pouvoir sur lui-même pour le donner à un nouveau Léviathan, dont on s'ingénie à nous présenter le côté humain. Là aussi, la vie publique se transforme en un théâtre des puissants pour qu'ils ne fassent que *se* représenter.

L'espace public devient un récit qu'on regarde défiler à la télévision, mais auquel on ne participe pas. Logés dans les tranchées de schèmes narratifs alliant efficacité et familiarité, les journalistes réduisent ainsi toute information à un récit. Les bulletins télévisés deviennent alors autant d'épisodes de ces téléséries quotidiennes intuables comme *Virginie* au Québec ou *Days of Our Lives* aux États-Unis. Le public n'est plus que le spectateur aliéné d'un espace public sur lequel il ne peut plus agir et qui l'interpelle de moins en moins. Vidé de ses participants, l'espace public ne sert plus à rien. Bref, devant ces histoires déjà écrites, le public et l'espace public disparaissent ensemble.

Le mimétisme

Le mimétisme observé par les critiques déontologiques est proche mais distinct de la normalisation des discours et de leur fragmentation. Il s'agit de la tendance généralisée des médias d'information, particulièrement électroniques, à reproduire des nouvelles plutôt qu'à en produire.

Voici le schème classique, réitéré chaque matin dans la salle de presse d'une station radio ou télé. Les journalistes arrivent et cherchent dans les imprimés les nouvelles qu'ils n'auraient pas couvertes la veille, ces publications étant, par nature, toujours à la fois en retard et en avance sur leurs concurrents électroniques. Ceux-ci construisent d'abord leurs émissions en recueillant des réactions aux nouvelles imprimées le matin ou aux événements survenus la veille. Ils envoient bien sûr des journalistes couvrir les événements de la journée, mais leurs reportages sont rarement prêts avant le milieu de la journée. Premier moment de mimétisme : les médias électroniques s'inspirent des journaux.

À partir du milieu de la journée, de nouvelles informations font surface et les médias électroniques se surveillent mutuellement. Les chaînes de nouvelles continues et les radios d'information tiennent le haut du pavé durant cette période. La question est de déterminer : « Qui sort quoi, quand ? » Au Québec, on pourra ainsi entendre dans une réunion de production du réseau LCN qui doit décider de sa manchette : « RDI ouvre avec le Pakistan, alors que nous on n'en parle même pas : il faut avoir quelque chose là-dessus. » RDI et la radio de Radio-Canada font évidemment la même chose. Deuxième moment de mimétisme : les responsables des nouvelles *en continu* s'épient et se copient.

Troisième temps de la journée, les télévisions généralistes courent vers la tombée de leurs bulletins du soir. Même si leurs équipes sont de nos jours très intégrées à celles des nouvelles continues, les bulletins du soir restent, aux yeux des journalistes tout au moins, des moments d'information privilégiés. Chacun surveille donc ce que ses concurrents afficheront en manchette en écoutant les annonces des présentateurs et en consultant Internet. Troisième moment de mimétisme : les journaux du soir se construisent au coude à coude.

Enfin, en même temps que se préparent et se diffusent les bulletins électroniques de début de soirée, les artisans de la presse écrite gardent l'œil et l'oreille sur ces médias en assemblant leurs propres journaux. Si quelque chose de neuf et d'important tombe des fils de presse en fin de soirée, il ne faut surtout pas le rater pour le lendemain, tant que la tombée le permet. Dernier moment (qui prépare le premier) : les journaux écrits se construisent sur les cendres des journaux télévisés.

Bien sûr, tout n'est pas que copie, les médias produisent aussi des nouvelles. Le phénomène de mimétisme est cependant révélateur du canevas contradictoire dans lequel les médias s'inscrivent immanquablement : ils veulent tous avoir les mêmes nouvelles, mais en même temps se distinguer des autres.

Au lieu de leur permettre de se distinguer, le jeu de la concurrence uniformise les médias. La dernière chose que souhaite une équipe d'information, c'est de passer à côté d'une nouvelle dont une équipe concurrente fera sa manchette. Que penserait le lecteur d'un journal si ce dernier ne lui offrait pas l'information entendue la veille au soir à la télé ? Pour ne pas se discréditer, il ne faut rien manquer. Et de « ne rien manquer » à « tout répéter », il n'y a qu'un pas.

La concentration de la presse

Cette dernière des critiques déontologique touche un phénomène en hausse depuis une vingtaine d'années dans la plupart des pays occidentaux. Le constat est le suivant : après le boom des médias électroniques au cours des années 1960, 1970 et 1980, on observe maintenant la dynamique inverse, soit le rachat des médias existants par un nombre de plus en plus restreint de propriétaires. Au Québec, par exemple, Québecor et Gesca gèrent des empires médiatiques qui comprennent non seulement différentes publications, mais en plus des médias de plusieurs types (radios, télés, journaux, magazines, portails internet, livres). La situation est à ce point critique, que les «petits joueurs» du monde des médias (les entreprises qui n'en possèdent qu'un, par exemple) disparaissent rapidement, achetés par ces monopoles en formation. On comprendra que ce phénomène de concentration des médias a un effet sur le monde de l'information. Il reste peu de salles de nouvelles privées et francophones au Québec qui n'appartiennent pas à un de ces deux empires, et moins encore (s'il en reste) qui n'en dépendent pas de manière indirecte, soit pour la distribution, soit pour l'impression.

Cette réduction du nombre de propriétaires de salles de nouvelles sape un des principes de l'idéal journalistique: la pluralité et la diversité des médias d'information. Rappelons que selon cet idéal, le journaliste demeure indépendant de son patron, car il peut aller offrir à l'un des concurrents de son employeur tout article que celui-ci ne voudrait pas publier. Si ce patron a de moins en moins de concurrents ou que ses quelques concurrents partagent ses intérêts à maints égards, le journaliste aura forcément moins de lieux où publier son article. Certes, on pourra toujours se rassurer en se rappelant l'existence de télédiffuseurs et de radiodiffuseurs publics qui, par leur présence, maintiennent une certaine diversité. Néanmoins, la réduction du nombre d'acteurs privés dans le monde de l'information fait, entre autres, qu'on voit et qu'on entend souvent les chroniqueurs et éditorialistes des grands empires médiatiques privés sur les ondes publiques. Il faut aussi rappeler qu'aucun imprimé ne relève du domaine public, ce qui expose la presse écrite à une plus grande concentration. Quant à l'information issue des médias publics en général, sa présence n'est ni éternellement garantie ni dénuée d'intérêts qui lui sont propres.

On peut déjà constater plusieurs effets néfastes de cette concentration. D'abord, une réduction du nombre de salles de nouvelles, particulièrement au niveau de la radio. Certains groupes nouvellement formés ne font plus appel qu'à une seule salle de nouvelles, centralisée et confinée à un certain traitement de la nouvelle. Au nom d'une « convergence » dictée d'en haut, des journalistes ayant couvert un évènement verront leur compte rendu exploité par plusieurs médias, en particulier sur les portails internet. On entendra, on lira et on verra souvent des traitements semblables pour une même nouvelle, une première journaliste ayant couvert l'événement, le deuxième ayant eu accès à son texte et le reprenant en bulletin, et une troisième le publiant presque intégralement sur internet. L'uniformisation que les agences de presse favorisaient déjà est maintenant amplifiée par les grandes salles de nouvelles qui deviennent autant de mini-agences de presse.

Cette uniformisation de l'information vient se doubler d'une uniformisation du commentaire. On constate que, prodige de résonance, certains commentateurs se font eux-mêmes écho d'un média à l'autre. Celui-ci, qui publiait ce matin un éditorial sur tel sujet, le commente à la radio en avant-midi et en fait mention le midi et le soir dans la chronique qu'on lui accorde pour disserter d'affaires publiques. Les journalistes de quelques médias — toujours les mêmes — en viennent ainsi à être perçus comme des parangons de l'analyse politique alors que leurs qualités principales sont de bien « passer » à la télévision et d'avoir donné ailleurs leur opinion sur une question. Les espaces d'analyse qui s'alimentaient autrefois de l'expertise de spécialistes extérieurs au monde médiatique sont maintenant remplis de journalistes interviewés par leurs collègues, d'abord pour des raisons de facilité. Ce phénomène, qui n'est pas causé uniquement par la concentration de la presse, est amplifié par celle-ci en raison de la proximité et de la réduction des effectifs dans la presse des monopoles.

Les dommages de la concentration de la presse s'observent aussi clairement dans l'attention apportée par certains médias aux « événements » qui surviennent dans d'autres médias. On pensera aux émissions phares de certaines stations dont la « couverture » devient soudainement prioritaire dans les médias écrits ou les bulletins de nouvelles de l'empire médiatique qui les met en ondes.

Conclusion

On l'a vu, les critiques déontologiques débusquent de nombreux problèmes fonctionnels dans le monde médiatique, qui sont à la fois sévères et généralisés. Ces problèmes appelleraient des réformes du monde journalistique.

Au Québec, on se rappellera, entre autres, les recommandations du rapport St-Jean sur la concentration de la presse. L'auteure invitait l'État à mettre sur pied un fonds pour la presse indépendante et à exercer une certaine surveillance des flux financiers dans le milieu des médias. Plus récemment, le rapport Payette proposait, entre autres, la création d'un statut professionnel pour les journalistes dans le but d'éviter les confusions et les dérives. Ces mesures se situent sans doute à la limite des propositions de réforme à caractère déontologique; on constatera, d'ailleurs, qu'elles n'ont pas été appliquées.

La critique déontologique se limite en effet à un certain horizon: au journaliste lui-même et à sa volonté individuelle. Les critiques présentées dans ce chapitre relèvent d'une pensée inspirée du libéralisme politique, entre autres par leur attachement au caractère individualiste de l'idéal journalistique. Parlant des journalistes, ces critiques leur reprochent habituellement des façons de faire qui dérogent à la sacro-sainte déontologie. Ce serait donc à cause d'un intérêt personnel, par paresse ou faute de bien comprendre l'importance de son travail, que le journaliste succomberait aux seules tares dont s'indigne cette critique. Le journaliste qui fait de l'*agenda setting* suivant son intérêt politique, la cheffe de pupitre qui choisit une nouvelle spectaculaire pour ouvrir son bulletin, la reporter qui coupe dans les interventions des politiques pour mettre plus de *human interest,* le recherchiste qui choisit encore le même invité pour parler du Moyen-Orient, l'animatrice qui insiste pour ouvrir avec telle nouvelle parce qu'elle sait que sa concurrente fera la même chose, et même le grand patron d'entreprise qui attèle son réseau d'information à la promotion de ses émissions de grande écoute: tous ces gens, nous disent les critiques déontologiques, agiraient différemment s'ils écoutaient l'idéal qui devrait être le leur ou s'ils comprenaient l'importance de leurs choix. Ce qui leur permettrait d'offrir aux citoyens l'information qu'ils sont en droit d'attendre pour prendre de meilleures décisions politiques. Combattons ces mauvaises habitudes et l'éthique journalistique fructifiera dans le meilleur des mondes.

Comme on le voit, la pensée libérale qui agit derrière ces critiques ferme systématiquement les yeux sur les déterminismes sociaux pour ne voir qu'une volonté individuelle présumée toute-puissante. Dans cette optique, le sujet (ici, le journaliste) peut effectuer, libre de toute détermination, les choix qu'il souhaite, peu importe la société qui l'entoure. Sans sombrer dans un déterminisme mécanique, on peut certainement reconnaître que l'environnement (au sens social et physique du terme) façonne notre perception du monde et la compréhension de notre intérêt dans ce monde. Cette modélisation peut être comprise et reconstruite : voilà le socle de toute pensée dépassant le volontarisme libéral. Même sans connaître toutes les forces qui nous déterminent, nous ne sommes pas impuissants face à elles. Ces causes, forcément extérieures à nous, exigent une théorie du social, une certaine compréhension de ce qu'est la collectivité. Il faut donc chercher au-delà du simple monde du journalisme.

La dernière des critiques déontologique, celle de la concentration de la presse, tend à sortir du cadre libéral, mais se refuse à aller jusqu'au bout. En effet, la concentration de la presse reflète des paramètres extérieurs à ceux du journalisme. Elle permet de dépasser la question morale, et c'est ce que font ceux qui réclament l'intervention du gouvernement pour limiter et contrebalancer le poids de cette concentration. À la limite de la critique libérale, ils ne remettent pas en question le fonctionnement du système de la presse, mais demandent simplement au gouvernement d'en alléger les aspects négatifs.

Dans cette optique, quand le système économique pose problème, on ne tente pas de réfléchir à ses règles et à leurs conséquences, mais bien d'infléchir légèrement ses effets par une intervention gouvernementale, toujours tenue pour un ultime recours. Autrement, on se contente d'inciter les individus à agir selon leur éthique, sans égard aux pressions sociales ou structurelles qui pèsent sur eux. D'ailleurs, c'est toujours l'individu qui sera pointé du doigt quand émergeront clairement les pires malversations. Jamais la critique libérale ne pense le système social et ses déterminants, toujours elle reste centrée sur l'individu. Les responsabilités dont elle le charge n'ont d'égale que sa propre pudeur face aux structures qui encadrent et construisent la fonction du journaliste d'information.

La question à laquelle refuse de répondre la critique libérale, c'est celle du « pourquoi ». Pourquoi les discours se normalisent-ils ? Pourquoi cette prolifération de l'information-spectacle ? Pourquoi mettre l'accent sur l'émotion ? S'en tenir à un constat (« parce que les journalistes en font de plus en plus ») relève davantage d'une logique circulaire que d'une véritable analyse. Nous verrons, avec Edward S. Herman et Noam Chomsky, le premier exemple d'une approche qui permet des réponses plus approfondies.

Pour aller plus loin

BERNIER, Marc-François, *Journalistes au pays de la convergence. Sérénité, malaise et détresse dans la profession,* Québec, PUL, 2008.

CARDINAL, Mario, *Il ne faut pas toujours croire les journalistes,* Montréal, Bayard, 2005.

KEABLE, Jacques, *L'information sous influence,* Montréal, VLB, 1985.

LAPLANTE, Laurent, *L'information, un produit comme les autres?,* Québec, Institut québécois de recherche sur la culture, 1992.

PAYETTE, Dominique, *L'information au Québec, un intérêt public — Rapport du groupe de travail sur le journalisme et l'avenir de l'information au Québec,* Québec, décembre 2010.

PRATTE, André, *Les oiseaux de malheur,* Montréal, VLB, 2000.

PROULX, Gilles, *Pour une radio réformée,* Montréal, Édition du Jour, 1973.

—, *Pour une radio civilisée,* Montréal, Éditions de l'Homme, 1972.

ST-JEAN, Armande, *Rapport final du Comité conseil sur la qualité et la diversité de l'information,* Québec, janvier 2003.

WOLTON, Dominique (dir.), *Critique de la société de l'information,* Paris, Les Essentiels d'Hermès, 2009.

—, *Éloge du grand public. Une théorie critique de la télévision,* Paris, Flammarion, 1993.

Les travaux du Centre d'étude sur les médias : www.cem.ulaval.ca

CHAPITRE 3

LE MODÈLE PROPAGANDISTE
DE HERMAN ET CHOMSKY

EDWARD S. HERMAN et Noam Chomsky ont entamé leur collaboration en 1973 avec la publication de *Counter-Revolutionnary Violence: Bloodbaths in Fact and Propaganda*, qui présente les massacres en cours dans la guerre au Vietnam. Leur intérêt pour le traitement médiatique des affaires publiques est déjà visible dans cet ouvrage, où ils soulignent tous les camouflages et les contre-vérités auxquels se sont prêtés les médias américains lors de cet épisode tragique. Ce premier ouvrage a d'abord été censuré par la maison-mère de l'éditeur Warner Modular, Warner Communications. Et parce qu'il a refusé de se plier à cette injonction, l'éditeur a dû fermer ses portes.

Pour Chomsky, il ne s'agissait pas du premier affrontement avec l'establishment médiatique américain. S'étant lié d'amitié avec Daniel Ellsberg, il avait participé en 1971 à la publication des *Pentagon Papers* qui révélaient le processus de décision qui avait mené à la guerre du Vietnam. Ces documents mettaient en lumière la stratégie états-unienne au Vietnam et dans les pays avoisinants et mettaient en cause le gouvernement d'alors. Véritable bombe médiatique, ils participeront grandement à faire croître l'opposition à cette guerre. Bien sûr, de multiples tentatives, officielles ou non, ont été menées pour contrecarrer la publication de ces documents. En vain. Par la suite, avec Howard Zinn, Chomsky publiera très rapidement une analyse de ces fameux documents et il tracera le portrait de la stratégie militaire états-unienne.

Herman et Chomsky vont par la suite développer une théorie sur l'intervention états-unienne au Vietnam qui ira, on s'en doute, à contre-courant de la position dominante, mais qui va aussi s'opposer à la plupart des publications de gauche de l'époque. Pour beaucoup de progressistes, la critique formulée contre la politique étrangère du gouvernement se limite alors généralement à dénoncer les «bévues» et les «erreurs» qui causeraient des morts civiles inutiles. Ce qui sous-entendait qu'une guerre bien menée n'aurait pas été aussi meurtrière.

Chomsky et Herman veulent aller plus loin et mettre en lumière la stratégie politique et militaire globale des États-Unis. Pour eux, les meurtres de civils ne sont pas des effets involontaires de mauvaises décisions stratégiques — ce qu'on désignera plus tard par l'euphémisme «dommages collatéraux». Les hauts responsables de la politique étrangère connaissent ces situations et les approuvent: il faut tout faire pour accroître le pouvoir et l'influence des États-Unis dans le monde. Ces morts font partie d'une stratégie globale, qui doit permettre aux États-Unis d'occuper et de maintenir l'espace central sur l'échiquier géopolitique mondial.

Or, cette analyse critique ne sera jamais reprise dans les médias de masse. On va la mettre de côté, la tronquer, ou encore la simplifier et la rendre inopérante. Pourquoi n'a-t-elle jamais pu franchir le mur médiatique, alors que la société états-unienne se targue d'être le modèle d'une liberté d'expression tous azimuts et à toute épreuve? Comment expliquer qu'on accepte l'expression d'une certaine diversité de points de vue, mais pas de l'ensemble des points de vue?

À la lumière de leur expérience auprès de la presse et des journalistes, Herman et Chomsky en viennent à comprendre que le problème ne relève pas d'une simple question déontologique journalistique. Ce qui cloche est beaucoup plus profond : c'est le système médiatique en soi qui pose problème

L'ouvrage *La fabrication du consentement* propose une grille d'analyse pour comprendre le fonctionnement des médias. On appelle cette grille le «modèle propagandiste». La thèse de Herman et Chomsky est simple : le fonctionnement même des médias, leur structure interne, impose des filtres à travers lesquels l'information médiatique doit passer avant d'atteindre le public. De la même façon que la propagande politique dans des régimes autoritaires est façonnée et approuvée «au sommet», l'information dans nos régimes dits démocratiques doit traverser cinq filtres : l'orientation lucrative, la publicité, les sources d'information, les contre-feux et l'anticommunisme.

Connaître ces filtres est utile à plusieurs égards. D'abord, parce qu'ils prennent en compte les entreprises de presse elles-mêmes, et pas seulement le simple journaliste. Ils éclairent le fait que les médias forment un système et que ce système a une influence déterminante sur les individus qui y travaillent. Les journalistes sont ainsi intégrés à un système qui les dépasse. Les filtres d'Herman et Chomsky ont aussi l'avantage d'être faciles à comprendre et à détecter. Cette simplicité permet des analyses rapides et efficaces à plusieurs niveaux.

Ce modèle des filtres a par ailleurs l'avantage de démontrer que l'idéal journalistique ne se heurte pas seulement à des difficultés conjoncturelles et momentanées créées par le manque d'éthique ou de professionnalisme de certaines personnes ou de certains groupes, mais qu'il est structurellement irréalisable pour des raisons qui échappent à la vision et au contrôle des journalistes eux-mêmes. En cherchant les raisons des différences entre l'idéal et la réalité, Herman et Chomsky débusquent certaines failles systémiques du monde des médias.

Premier filtre : la taille, l'actionnariat et l'orientation lucrative

Le premier constat que font Herman et Chomsky à propos du monde médiatique états-unien, constat transposable ailleurs avec de légères modifications, porte sur la propriété privée des médias et sur ses conséquences. Oublions un instant les télédiffuseurs et radiodiffuseurs publics pour nous attarder au reste de l'univers informationnel.

Les médias privés sont des entreprises capitalistes. Quel est l'objectif premier des entreprises au sein de ce système ? Faire du profit par la vente d'un bien ou d'un service. Ce simple état de fait établit une distance entre la mission que leur prête l'idéal journalistique et celle qu'ont réellement ces entreprises. Parce qu'elle croit fermement que de tels idéaux sont compatibles avec « l'économie de marché », la pensée libérale répondrait qu'il n'y a là aucune opposition : le profit n'est que la récompense des entreprises qui s'acquittent bien de leur mission d'information.

Selon l'idéal journalistique, les journalistes ont pour mission d'informer adéquatement le public pour l'aider à exercer au mieux son pouvoir démocratique. Notons que cet idéal s'adresse aux journalistes et non aux entreprises de presse elles-mêmes. Comme nous l'avons évoqué rapidement plus tôt, l'existence d'une pluralité de médias permet de compenser les objectifs spécifiques à chaque entreprise, car elle offre aux journalistes la possibilité de changer d'employeur. C'est à peu près la façon dont l'optique libérale tente de concilier l'accès à l'information en société démocratique et la propriété privée des moyens d'information. Mais dans les faits, la recherche du profit a un impact autrement plus important sur la marge de manœuvre des journalistes, surtout depuis la fin de la belle époque des caméras à soufflet et des *muckrakers*[1]. S'il se peut que, de temps à autre, des journalistes se fassent refuser par un propriétaire la publication d'un reportage dérangeant (et il est évident que c'est déjà arrivé), combien de journalistes n'ont pas écrit le moindre reportage de ce genre, parce qu'on ne leur en a jamais donné l'occasion?

Il est en effet bien plus efficace d'adapter le rôle des journalistes au besoin de profits des entreprises que de les laisser faire leur travail comme ils le veulent pour devoir les censurer ensuite.

---

1. Ce terme désigne le journalisme d'enquête politique du début du XXe siècle aux États-Unis, qui s'attardait en particulier au dévoilement de la corruption au sein de l'appareil politique états-unien. L'enquête de Bob Woodward et Carl Bernstein, du *Washington Post,* qui mena au scandale du Watergate, est souvent présentée comme le dernier exemple de *muckracking.*

Autrement dit, faire de sa salle de nouvelles une machine à imprimer de l'argent est bien plus simple et profitable que de tenter de faire de l'argent avec des rédacteurs de nouvelles. L'impératif de la rentabilité peut donc fonctionner de deux façons : d'une manière directe, plus visible, mais plus rare, et d'une manière indirecte, beaucoup moins évidente à constater, même si elle est omniprésente dans le quotidien des médias d'information.

L'application directe du filtre de l'orientation lucrative correspond en partie à la fable libérale dont on vient de parler. Il est relativement rare qu'on la rencontre, mais quand elle survient elle n'offre pas toujours aux journalistes la solution facile de simplement changer d'employeur. Quand, par exemple, les journalistes d'un empire médiatique sont en grève ou en lock-out, les autres publications de cet empire témoignent clairement de leur intérêt corporatif en attaquant les positions des journalistes syndiqués. Ne serait-ce que sur ce conflit de travail, ils ne sont plus que les porte-voix de l'entreprise et s'en tiennent à promouvoir les positions patronales. Autre travers lié à la concentration des empires médiatiques : on accorde soudainement beaucoup d'importance à un litige dont on parlerait à peine s'il avait lieu dans un empire concurrent. La critique déontologique va se désoler de ces dérives, mais arrive mal à conclure que c'est précisément parce qu'elles ont une orientation lucrative que les grandes entreprises de presse agissent ainsi.

Les critiques déontologiques s'attardent aussi aux effets indirects de la recherche du profit : information-spectacle, fragmentation du discours, etc. Mais Herman et Chomsky viennent ajouter que ce résultat ne tient pas seulement au travail bâclé de certains journalistes, il tient aussi aux contraintes imposées par les propriétaires de médias privés : diminution des temps de reportage, baisse du nombre d'émissions d'affaires publiques, directives et formations internes pour faire des reportages plus émotionnels, écoles de journalisme spécialisées dans l'art du clip, réduction des plages de texte dans les journaux, embauche de vedettes, de politiciens ou de démagogues avérés pour animer les émissions d'information, augmentation du rythme de production des reportages, hypertrophie du commentaire et de la chronique en regard de l'information factuelle. Pourquoi les directions des médias d'information en viennent-elles à faire ces choix ? Parce qu'on croit, à tort ou à raison, que c'est la meilleure façon de réduire les dépenses ou d'augmenter les revenus. On ne peut pas dire qu'en général les journalistes accueillent avec entrain ces directives, mais la précarité grandissante des emplois en salle de nouvelles et la diminution constante du nombre de postes ne favorisent guère la contestation.

Se pourrait-il que la propriété des médias et leur orientation lucrative soient la cause même de la concentration de la presse ? Serait-il possible que leur concentration en réseaux puis en empires permette avant tout de maximiser les profits ? Herman et Chomsky insistent sur cette question et démontrent à quel point le petit nombre de décideurs et de propriétaires dans le monde des médias américains a fini par constituer un « ministère privé de l'information ». À combien de personnes revient-il de décider de l'embauche ou de la mise à pied des journalistes ? Quelle couverture serait accordée à une guerre par un média également propriétaire d'une entreprise d'armement? Le mode de propriété des médias détermine des lieux de pouvoir précis et peu nombreux dans le monde de l'information.

On rétorquera peut-être que dans plusieurs pays, comme le Canada ou la France, certains médias appartiennent à des sociétés d'État et que l'information dépendant du secteur public n'est pas, en principe, tributaire de la recherche du profit. Même si Herman et Chomsky n'abordent pas directement cette question, ce serait bien mal comprendre la réalité des médias publics dans le contexte actuel que d'affirmer que leur seule présence sauve la mise. On croit facilement qu'une télévision ou une radio publique plane au-dessus de cette orientation lucrative qui détermine les choix de ses concurrents, qu'elle peut contempler sereinement le monde de l'information et offrir à ses auditoires une information juste et impartiale pour la seule raison qu'elle reçoit de l'État les moyens nécessaires pour y arriver. Comme si le gouvernement disait aux journalistes du secteur public: «Dites-nous de combien d'argent vous avez besoin pour bien informer le public et vous l'obtiendrez dans l'heure.» La réalité est tout autre. Il n'y a qu'à se demander pourquoi, par exemple, la télévision de Radio-Canada diffuse de la publicité comme le font ses concurrentes privées. La réponse est simple: parce que les subventions gouvernementales ne suffisent pas à faire fonctionner la machine et qu'elle doit, elle aussi, vendre de l'espace publicitaire. Et comme le prix obtenu pour chaque message diffusé est à la mesure de l'auditoire rejoint, le diffuseur doit miser sur les trucs éprouvés et sur la mode pour arracher les meilleures cotes d'écoute. Parce qu'il faut bien boucler un budget (qui n'est pas à l'abri de coupures potentielles), la logique de la mise en marché de l'information entre donc aussi (au mieux avec un certain décalage) dans les salles de nouvelles « publiques ».

Au Québec, la Première Chaîne de Radio-Canada constitue une exception notable à cet égard, car elle ne diffuse aucune publicité. C'est qu'elle bénéficie d'un coût de fonctionnement réduit par rapport à sa consœur télévisuelle. Cela ne l'empêche pas de prendre certains plis de la logique du privé — une personnalisation agaçante de l'information, le manque de profondeur intellectuelle de certains débats en ondes et un format « spectaculaire » donné à certaines émissions d'affaires publiques — mais elle réussit quand même à accorder une place relativement importante à l'information et offre des contenus sans publicité externe, ce qu'on ne trouve dans aucun autre média québécois. Ce constat est rassurant en regard du désastre qui a cours dans les autres grands médias d'information, même si, à terme, cette chaîne risque d'être soumise aux mêmes règles qui prévalent ailleurs.

Pour Herman et Chomsky, la loi qui régit l'univers des médias est celle du profit. Si un reportage menace le rendement, les médias ne le diffuseront habituellement pas et produiront de la moins bonne information plutôt que de faire moins d'argent. Les effets de cette règle sont parfois visibles directement ; mais le plus souvent, ils sont mis en place de façon progressive, indirecte et discrète. Comment les entreprises qui possèdent des salles d'information et engagent des journalistes font-elles ce profit ? C'est simple : en vendant de la publicité. Or, si cette réponse est connue, son mécanisme et ses effets semblent largement passés sous silence.

Deuxième filtre : la publicité

Nous avons vu que le fait qu'une entreprise soit à but lucratif et doive être rentable pour survivre a un impact sur la qualité de l'information livrée au public. La publicité, voie royale vers le profit dans le secteur des médias, a en ce sens des effets spécifiques. Là encore, on peut distinguer des effets indirects et directs, ces derniers étant, ici aussi, les plus visibles en même temps que les plus rares.

La publicité agit comme filtre direct quand on s'empêche de livrer de l'information de peur de froisser un publicitaire. Si une entreprise achète de la publicité à pleine page, on tâchera d'adoucir tout article critique à son égard. Face à un éditeur qui promet un contrat d'un an pour l'annonce de ses publications, on esquivera un commentaire négatif ou on placera la publicité à côté d'une recension élogieuse. Un chroniqueur de voyages se verra offrir un séjour gratuit à Tunis en échange, sans qu'on le lui demande explicitement, d'un papier célébrant le forfait du généreux voyagiste. La précarité des médias locaux les rend souvent plus dépendants de la publicité. On couvrira la campagne d'un candidat à la mesure des achats publicitaires de son parti : « Une pub, un article. » Tous ces exemples existent, même si la plupart de temps ces effets directs du filtre publicitaire se produisent de façon plus subtile grâce à une entente tacite du « milieu ». Mais il faut comprendre que la publicité a également des effets indirects moins visibles, mais bien plus pervers.

En 2004, le président de la chaîne française TF1, Patrick Le Lay, expliquait en entrevue : « [P]our qu'un message publicitaire soit perçu, il faut que le cerveau du téléspectateur soit disponible. Nos émissions ont pour vocation de le rendre disponible : c'est-à-dire de le divertir, de le détendre pour le préparer entre deux messages. Ce que nous vendons à Coca-Cola, c'est du temps de cerveau humain disponible[2]. » Cette affirmation implique un renversement du paradigme sous lequel se présente la publicité dans les médias. Devant son téléviseur, on serait porté à penser que tous ces messages nous offrent des produits et que nous sommes le sujet qui choisit ou non d'en faire l'acquisition. Le Lay avoue, en toute candeur, que c'est le téléspectateur qui est l'objet de la vente. Nous ne sommes pas tant sollicités pour acheter des objets que quotidiennement vendus par les télédiffuseurs à des entreprises pour être exposés à leurs messages. Ces entreprises misent sur la répétition et la « pénétration » de leurs messages pour faire de l'argent. Qu'importe les choix individuels : sur le nombre de spectateurs exposés, il y aura bien quelques acheteurs. Le vrai produit de la publicité, c'est bien celui qui la regarde.

Ce renversement de perspectives n'est évidemment pas sans conséquence. On sait qu'il faut un grand nombre d'auditeurs pour vendre de la publicité à prix élevé, mais il existe aussi d'autres stratégies. Ainsi, on peut vendre de l'espace publicitaire pour certains produits spécialisés qui, au lieu de toucher un maximum de gens, cible précisément des clients potentiels. Ou alors, comme le soulignent Herman et Chomsky, on peut créer des cahiers spéciaux, des émissions, voire des chaînes de télé spécialisées, à des fins purement publicitaires.

---

2. Cité dans Les associés d'EIM, *Les dirigeants français et le changement*, Paris, Éditions Huitième Jour, 2004.

Que deviennent, dans ce cadre, l'information et le journaliste qui la porte? Ils sont chaque jour davantage marginalisés. Les chaînes spécialisées ne sont pas tenues de présenter des bulletins de nouvelles et, au Canada depuis 2009, il n'y a plus de limite au temps publicitaire que les chaînes généralistes peuvent diffuser. L'obligation d'offrir un minimum d'information devient d'autant plus contraignante qu'on tente par tous les moyens de réduire cette même information ou, à tout le moins, de la plier autant que possible aux exigences de rentabilité du média. Que devient le travail des journalistes quand leur texte est réduit à 200 mots et qu'on le place entre 10 publicités et 2 photos grand format? On va le mesurer au coût de la publicité qui pourrait le remplacer.

Pour Herman et Chomsky, la publicité est à l'origine de presque tout dans le système médiatique privé. Une émission de télé existe à cause de son potentiel à attirer des publicités et elle disparaît lorsqu'elle a épuisé ce potentiel. Bien sûr, d'autres éléments peuvent influencer la composition d'une grille de programmation, mais le test ultime (comme pour n'importe quel produit mis en vente) consiste tout de même à savoir si les émissions seront profitables.

La dépendance des médias au système de la publicité coupe court à toute autre priorité. La quantité, la provenance et la régularité des publicités obtenues sont des questions plus cruciales pour les entreprises de presse privées que la qualité de l'information qu'elles diffusent, et cette qualité n'est prise en compte que dans la mesure où elle affecte en bien ou en mal les entrées publicitaires. Cela n'empêche en rien les artisans et même certains cadres supérieurs de ces médias d'avoir sincèrement à cœur des enjeux d'information et d'éthique. Mais, et c'est un fait incontournable, dans notre système axé sur le profit, la survie d'un média, d'une entreprise ou d'une émission télé (et par ricochet, celle des gens qui y travaillent) dépend de stratégies de vente publicitaire. Les efforts personnels de tous ceux qui croient à l'information ne sont pas totalement vains, ils peuvent avoir des effets circonscrits et mener à des résultats efficaces. Mais ils resteront partiels et conjoncturels tant que les médias seront en quête de rentabilité et qu'ils sacrifieront de plus en plus d'espace pour la publicité.

Troisième filtre : les sources d'information

Le troisième filtre mis de l'avant par Herman et Chomsky porte sur l'origine de l'information. D'où provient l'information qui nous est transmise et qui a la possibilité de la diffuser ? Selon les deux auteurs, là aussi, certaines tendances systémiques du monde médiatique ne facilitent pas de façon équitable l'accès à l'espace public.

Pour bien comprendre ce qu'il en est, plaçons-nous du point de vue des intervenants extérieurs au système médiatique et qui ont un intérêt à rejoindre le public. Les médias leur offrent un produit : la visibilité. Cette visibilité peut être achetée par de la publicité ou être acquise gratuitement par le biais des journalistes. Cette seconde filière nécessite toutefois l'utilisation d'outils précis (conférence de presse, communiqués, appels médiatiques) et, souvent, les conseils d'experts en communication pour optimiser les chances d'accaparer le temps d'antenne concédé gratuitement par les médias. Ils assurent aussi un meilleur contrôle de l'usage qu'en feront les journalistes.

À première vue, on pourrait se dire que parler à des journalistes exige peu de dépenses et d'expertise, qu'il suffit de leur « dire ce qu'on a à dire » et si le contenu est pertinent, l'attrait pour une nouvelle de qualité devrait jouer. Mais penser ainsi, c'est être soit carrément de mauvaise foi, soit totalement naïf. Toute personne le moindrement au fait du monde journalistique sait à quel point la qualité de rédaction d'un communiqué ou l'art d'exploiter le fil de presse détermine non seulement l'ampleur de la couverture obtenue, mais son existence même. Contrairement au mythe du contenu qui s'impose de lui-même, le style journalistique présente tellement de façons traditionnelles de faire et de pièges à éviter, qu'il faut presque avoir été formé à la rédaction de communiqués pour avoir l'assurance qu'il ne sera pas sommairement rejeté. Quant aux conférences de presse, leur préparation n'a rien d'évident pour qui ne connaît pas les règles du jeu.

Bien sûr, il n'est pas dit que toute conférence de presse organisée adéquatement soit un succès ; il existe simplement des obstacles à la couverture médiatique, surtout quand les conférences de presse prolifèrent chaque jour, au-delà de la demande pourtant très élevée des chaînes télé d'information continue. Pour s'en convaincre, il suffit de jeter un œil à la liste des conférences de presse de la journée diffusée sur le site internet du fil de presse Canada Newswire en gardant en tête que, sur la série d'événements offerts dans une journée, les médias ne s'intéresseront, au mieux, qu'à une demi-douzaine d'entre eux.

Faire appel à des experts en communication procure aussi d'autres avantages. Les plus habiles à attirer la presse entretiennent des rapports privilégiés avec les journalistes, les recherchistes et tous ceux qui peuvent servir de passerelles vers la visibilité médiatique. Contacts multipliés, rappels de leur disponibilité pour des émissions, reportages et entrevues, tout est fait pour les clients. S'établit ainsi, très naturellement, un lien de confiance entre personnes habituées à se fréquenter professionnellement, ce qui exclut nécessairement les personnes et organisations qui n'ont ni le temps ni les moyens d'entretenir de telles relations avec le monde des médias.

Le filtre des sources d'informations nous montre donc que tout le monde ne sera pas entendu. À l'inverse, Herman et Chomsky nous rappellent que certains acteurs importants, notamment le gouvernement, l'armée, la police et quelques autres institutions pourtant bien équipées en matière de relations publiques, ont beaucoup moins d'efforts à faire pour atteindre la sphère publique. Dans certains domaines, ces acteurs bénéficient aussi de la perception globalement partagée selon laquelle ils « parlent vrai », à moins que le contraire ne soit démontré.

Ainsi, les organisations et les gens qui ont de l'expertise en communication, ou le personnel et l'argent nécessaire, ou encore l'ascendant politique ou, au moins, le temps et l'énergie d'apprendre ces façons de faire et de les mettre en pratique, disposent d'un avantage évident quand il s'agit d'imposer des messages dans l'espace public. Le filtre des sources d'information joue en leur faveur. Ces sources maîtrisent non seulement les techniques de communication, mais elles savent qui aller voir et elles connaissent personnellement des journalistes qui les respectent; elles exercent donc un meilleur contrôle sur ce qui sortira dans les médias à chacune de leurs interventions. Faut-il ajouter que la plupart du temps ces sources n'ont pas à quémander des entrevues ou des réactions parce qu'on vient spontanément les trouver pour leur demander avis et commentaires?

Quatrième filtre: les contre-feux et autres moyens de pression

Ce filtre est d'une autre nature que les précédents. Le contre-feu désigne la capacité de certains groupes organisés d'attaquer un journaliste, une publication ou un intervenant. Concertée et menée simultanément à la diffusion d'une information, une telle attaque a pour effet de jeter le doute sur cette information, l'expulsant *de facto* de la sphère publique. Elle peut aller jusqu'à discréditer et entraver toute démarche de la personne visée, l'empêchant de faire son travail.

On discréditera publiquement des journalistes en attaquant leurs méthodes ou leur personne. On pourra aussi procéder plus discrètement, en refusant de leur communiquer de l'information ou en ne le faisant qu'avec une mauvaise grâce extrême, et parce qu'on y est légalement obligé. Les intervenants, eux, seront attaqués pour leur manque de sérieux, leur extrémisme ou le peu de pertinence de leurs commentaires, une manière comme une autre de les faire sortir de l'espace public.

Jeter publiquement le discrédit sur les journalistes n'est pas particulièrement fréquent, mais c'est d'une efficacité redoutable. De façon plus discrète, on peut leur mettre des bâtons dans les roues. Ce genre de vexations arrive plus souvent à l'échelon local ou régional : votre article n'aura pas plu aux notables et soudain les promoteurs, les entrepreneures et la mairie refuseront de vous parler pendant quelques semaines, ou alors on vous accordera de très brèves entrevues sans substance ni valeur. Ce filtre indirect peut très bien être aggravé par un autre, plus direct, celui de la publicité : en plus de vous refuser une entrevue, on menacera de retirer telle publicité du média pour lequel vous travaillez. On devine que ces manœuvres peuvent également prendre pour cible l'ensemble d'un média.

L'affaire est simple : lorsqu'un journaliste ou un média devient gênant pour l'ensemble d'une «communauté publique» (les politiciens, les hommes d'affaires, les artistes), cette communauté aux intérêts généralement divergents trouve un intérêt commun à éjecter ce grain de sable de sa mécanique, de préférence en prétextant des raisons autres. Par exemple, un journaliste qui publie une histoire de corruption qui met en cause des promoteurs immobiliers et une municipalité pourrait très bien se voir attaquer publiquement sur le plan de sa vie privée : on jette sur lui l'opprobre, technique efficace pour détourner l'attention de soi.

Mais les médias ne sont pas toujours les victimes de ces contre-feux, ils en sont parfois les acteurs : une série de chroniques qui s'en prend à un intervenant spécifique pour attaquer sa crédibilité, une série d'articles qui donne généreusement la parole à ses adversaires les plus féroces sans lui céder de droit de réplique, des caricatures qui frappent toujours sur le même clou… voilà quelques méthodes parmi les plus usuelles. À l'inverse, on peut choisir de faire le silence complet autour d'une personne ou d'une organisation en lui refusant entrevues, lettre ouverte ou quelque couverture que ce soit.

Ce filtre a probablement, ici aussi, des effets plus indirects que directs. C'est parce les journalistes savent qu'ils risquent de se «brûler» ou de se faire «barrer» dans tel ou tel milieu que certains s'en tiennent aux limites implicitement fixées, et non parce qu'on leur en aurait fait directement la menace ou qu'ils auraient déjà été la cible de ces méthodes. Qui plus est, c'est pour ne pas perdre leur capital de sympathie médiatique par un contre-feu dévastateur que les intervenants demeurent très prudents dans leurs interventions. Le journaliste fait alors preuve d'une certaine retenue face aux informations et commentaires susceptibles de nuire à une communauté qu'il ne veut surtout pas se mettre à dos.

Cinquième filtre : l'anticommunisme

Le dernier filtre repéré par Herman et Chomsky est plus explicitement politique que les précédents et il est plus visible aux États-Unis que dans d'autres pays. Les auteurs appellent «filtre anticommuniste» le fait que les médias ne remettent jamais en question la description que le pouvoir en place fait des «ennemis» du système et qu'ils contribuent même à façonner la perception que nous en avons. Il y a filtrage dans la mesure où les médias de masse n'opposent jamais au discours officiel une critique radicale ou même substantielle et qu'ils laissent peu d'espace, sinon aucun, aux organisations et aux personnes qui formulent de telles critiques.

Dans *La fabrication du consentement,* ce filtre est appelé «anticommunisme» car, à l'époque, les communistes étaient désignés comme l'ennemi du monde occidental. Si la peur des communistes n'est plus aussi virulente, les médias ne se privent pas de créer et de nourrir constamment le mythe d'un ennemi. Cette optique jette sur toute information et tout événement un voile manichéiste : ici, les gentils ; là, les méchants.

À une époque, il était très pratique d'avoir pour ennemis les communistes. Par rapport à l'ennemi allemand, par exemple, désigné par son appartenance nationale et identifiable à sa nation et à son destin, les communistes, eux, formaient un groupe beaucoup plus anxiogène. Non seulement n'étaient-ils pas faciles à repérer, mais leur diversité d'allégeance leur permettait aussi d'adopter des stratégies et des objectifs multiples qui ne répondaient pas nécessairement à une directive centralisée.

L'époque actuelle fournit de nouveaux ennemis, plus utiles encore. Le terrorisme international est aujourd'hui presque complètement déconnecté des États nations et fonctionne selon une logique diffuse. Comme ses réseaux internationaux attaquent l'Occident soi-disant sur la base de ses «valeurs profondes», le terrorisme a acquis une immatérialité qui lui permet d'être encore plus facilement dénoncé comme omniprésent et accusé de frapper inconsidérément d'innocentes victimes. Même s'il est associé à une religion, le portrait qu'on en fait la dépasse : non seulement tout musulman devient un terroriste potentiel, mais tout Arabe sera présumé musulman. Par ce portrait-charge du terrorisme, on écharpe par la bande tous les «ramollissements» (culturels, sécuritaires, religieux) de nos sociétés occidentales, qui permettent à l'ennemi de les pénétrer plus facilement.

Herman et Chomsky ne soutiennent pas que les médias créent de toutes pièces cet ennemi. Ils n'occultent ni les événements internationaux ni les évidences historiques. Ils constatent que les médias sont de bons catalyseurs pour la création d'ennemis, qu'ils servent de courroie de transmission pour la peur, les préjugés et les généralisations. La conceptualisation même de ces ennemis du système ne vient pas des médias, mais plutôt des centres de décision politique et économique. Le filtre fonctionne en favorisant les informations qui aident à créer et à définir les ennemis au détriment de celles qui pourraient remettre en question cette construction.

Plus radicalement encore, le filtre « anticommuniste » peut limiter ou empêcher la circulation médiatique de toute idée pouvant remettre profondément en cause le système dominant. Les entreprises médiatiques sont en effet tellement intégrées à ce système qu'elles ne le voient même plus, à l'instar du poisson incapable de voir l'eau dans laquelle il nage. Il leur devient donc impossible d'en contester les fondements et de ne pas présenter ses remises en question comme utopiques ou dangereuses.

Conclusion

Si la critique propagandiste s'attaque directement aux principales institutions du monde médiatique et à leur fonctionnement, par un étrange retournement, elle ne cible jamais l'idéal journalistique qui les sous-tend. Comme si le modèle propagandiste présumait qu'il suffirait que les structures du monde des médias (la recherche du profit, la publicité) soient différentes pour que le journalisme puisse enfin être objectif et la démocratie fonctionner. Le terme même de « filtre » utilisé ici présuppose une information « objective » à filtrer. On décèle en arrière-plan du modèle propagandiste l'idéal, sinon le souhait, d'une information objective. C'est que ce modèle propose une réflexion non sur la société elle-même, mais sur le journalisme comme partie de cette société. On espère l'arrivée d'une société sans filtres, où tout serait enfin transparent. Mais une telle société est-elle possible ?

S'il dépasse les critiques déontologiques dont l'objet est les journalistes pris individuellement, le modèle propagandiste se limite au fonctionnement des entreprises de presse. Or, les entreprises de presse ne sont pas à l'origine de la recherche du profit, elles s'inscrivent dans un système et une logique bien plus vastes. De la même façon, le rapport entre le journalisme et la subjectivité ne peut s'expliquer simplement en affirmant que des filtres nous empêchent de voir la réalité.

Avec le filtre anticommuniste, le modèle propagandiste atteint sa limite en nous disant que les médias ne veulent pas parler de ce qui perturberait le système. Herman et Chomsky dirigent ainsi notre regard vers le contexte social élargi, mais ils restent muets sur ce qui explique cette omerta. Cela n'est pas surprenant, car le modèle propagandiste ne fournit pas les outils pour comprendre cette réalité. Il faut pour cela aborder à la fois l'histoire du journalisme et les rapports économiques et symboliques dans lesquels il s'inscrit, ce que font, par contre, les critiques que nous allons présenter.

Pour aller plus loin

BAILLARGEON, Normand, *Petit guide d'autodéfense intellectuelle*, Montréal, Lux, 2006.

BARSKY, Robert F., *Noam Chomsky. Une voix discordante*, Paris, Odile Jacob, 1998.

CHOMSKY, Noam et Howard Zinn, *The Pentagon Papers. Volume Five: Critical Essays and an Index to Volumes One-Four,* Boston, Beacon Press, 1972.

GINGRAS, Anne-Marie, *Médias et démocratie. Le grand malentendu*, Montréal, PUQ, 1999.

GUSSE, Isabelle, «Déréglementation à l'américaine et développement de la radio d'opinion commerciale au Québec depuis les années 1990: CRTC contre CHOI FM», dans *Communication. Horizons de pratique et recherche*, tome 2, Montréal, PUQ, 2006, p. 77-113.

—, «Médias, information et démocratie en temps de crise», dans *Communications en temps de crise*, Montréal, PUQ, 1999, p. 164-187.

HERMAN, Edward S. et Noam Chomsky, *La Fabrication du consentement. De la propagande médiatique en démocratie*, Marseille, Agone, 2008.

—, *Counter-Revolutionnary Violence: Bloodbaths in Fact and Propaganda*, New York, Warner Modular, 1973.

CHAPITRE 4

LES CRITIQUES BOURDIEUSIENNES

L'ŒUVRE DE PIERRE BOURDIEU ne porte pas, d'abord et avant tout, sur les médias. Sociologue des hiérarchies et de leur reproduction, il a consacré la majeure partie de son œuvre à dévoiler les processus de domination symboliques et culturels. S'il a abordé la question des médias avec une certaine fréquence, il l'a toujours fait de biais et en partie pour illustrer ses thèses plus générales et pour réagir à l'état peu réjouissant du monde médiatique français. Nous nous concentrerons ici sur le petit ouvrage *Sur la télévision,* qui présente une thèse succincte mais efficace pour mieux comprendre le milieu journalistique.

Sur la télévision est né dans le scandale[1]. À la fin de 1995, la France connaît un important mouvement de grève. Les syndicats et l'opinion publique considèrent comme inacceptable le «plan Juppé», qui propose une réforme importante des retraites. Pierre Bourdieu prend alors position en faveur des grévistes et contre cette politique qu'il qualifie d'invasion néolibérale.

---

1. Le bref résumé de l'histoire de l'ouvrage que je présente ici est à peu près mot pour mot celui qu'a présenté Patrick Champagne, un des proches collaborateurs de Bourdieu, lors d'un colloque sur les médias en 2003 dont les actes se trouvent en référence à la fin du chapitre.

Comme pour chaque mouvement de grève, la couverture médiatique des événements de décembre 1995 suscitera des débats et des critiques acerbes, les uns et les autres s'accusant de partisanerie. L'émission *Arrêt sur image* invite Pierre Bourdieu pour faire la lumière sur certains procédés de censure ou de dissimulation à l'œuvre dans la couverture médiatique des grèves. Bourdieu, pas très friand des médias, hésite. Il choisit finalement d'y aller et sort insatisfait de l'enregistrement. L'organisation même de l'émission, son format débat et sa construction ne lui permettent pas de livrer la démonstration qu'il entendait présenter.

Son apparition télévisuelle ne passe cependant pas inaperçue. Voilà que des commentateurs critiquent ici ses silences, là ses répliques, et dissèquent à leur manière son intervention, parfois de façon passablement farfelue. On l'accuse de prendre les médias de haut, de se poser en intellectuel qui sait mieux que les autres ce qu'ils devraient faire comme métier, etc. Bourdieu réplique par un article publié dans *Le Monde diplomatique,* où il attaque durement le procédé de l'émission à laquelle on l'a invité. Le mois suivant, l'animateur Daniel Schneidermann lui répond dans le même journal.

Bourdieu recevra alors l'invitation d'une émission, *Le Canal du savoir,* qui propose à des professeurs d'université de présenter un cours sur le sujet de leur choix, directement devant une caméra. Bourdieu accepte et choisit d'y présenter précisément le contenu qu'il avait voulu transmettre à *Arrêt sur image*. Peu après, il publiera cette présentation en lui apposant le titre *Sur la télévision*. La publication de cette plaquette sera suivie d'articles incendiaires de journalistes furieux, de nouveaux débats d'un ouvrage de Serge Halimi sur ce thème préfacé par Bourdieu et même d'un documentaire de Pierre Carles sur le passage de Bourdieu à *Arrêt sur image*.

Cette forte réaction à l'ouvrage de Bourdieu est en partie surprenante. Ses critiques envers les journalistes sont surtout une attaque contre les intellectuels médiatiques, ses véritables adversaires, les journalistes étant, eux, seulement responsables de les mettre en valeur. Ces « intellectuels-minute » qui prolifèrent alors en France représentent pour Bourdieu une véritable plaie : en prétendant faire la promotion de la pensée et de la réflexion, ils participent en fait à la réduction de la pensée à un mélange de phrases creuses et de déclarations pompeuses. Il semble pourtant que nombre des reproches qui lui ont été formulés dans la foulée de la publication de son ouvrage ne tiennent même pas compte de cet aspect central. On s'attaque plutôt à un Bourdieu imaginaire qui détesterait les journalistes parce qu'ils contestent son statut d'intellectuel.

La critique que présente *Sur la télévision* s'inscrit dans la réflexion sociologique plus large que Bourdieu a développée dans de nombreux ouvrages. La société, dans la perspective bourdieusienne, est constituée de plusieurs champs imbriqués les uns dans les autres (politique, économique, culturel). Ces champs sont des entités sociales à l'intérieur desquelles les individus répondent à des règles et aspirent à obtenir un meilleur statut social. Pour parvenir à gravir les échelons internes du champ où ils évoluent, ils font jouer leurs atouts les plus avantageux.

Ces divers champs sont reliés par la capacité des individus à y accumuler du capital. Chez Bourdieu, le concept de capital ne s'applique pas qu'au domaine économique. On peut aussi accumuler du capital symbolique, politique, culturel. Pour acquérir un capital spécifique, les individus doivent répondre à la logique interne d'un champ et y gagner du prestige. Il leur est ensuite possible d'utiliser ce capital dans un autre champ. Par exemple, un artiste ayant accumulé un capital culturel pourrait tenter de l'investir dans le champ politique en se présentant comme candidat lors d'une élection. C'est dans ce contexte de logiques semi-autonomes et de luttes internes que Bourdieu aborde le journalisme.

Bourdieu ajoute un concept-clé à celui de champ, soit la « violence symbolique ». Il s'agit d'une violence souvent tacite. Ceux qui l'exercent, comme ceux qui la subissent, ne sont pas conscients de sa présence et de ses effets, en d'autres termes de la justification et de la « normalisation » des rôles et des statuts imposés à l'intérieur d'un champ. La violence symbolique nous convainc sans cesse que l'injustice est nécessaire, que les inégalités sont inévitables et que la hiérarchie est plus efficace que la coopération.

Cette théorie des champs, appliquée au journalisme, permet à Bourdieu de se pencher sur des phénomènes que soulignent les critiques déontologiques et propagandistes, et de les réinterpréter avec une approche plus large. Contrairement au modèle propagandiste, qui se limite souvent au fonctionnement interne de la machine médiatique, Bourdieu tente d'expliquer ce fonctionnement en établissant des liens avec les autres phénomènes sociaux. L'approche bourdieusienne tient aussi compte de la dimension historique, souvent absente des critiques abordées jusqu'ici.

La presse écrite

Dans la France du XIXe siècle, le champ journalistique se développe d'abord autour de la presse écrite. Au départ s'opposent journaux offrant des «nouvelles» et publications de «commentaires» ou d'«analyses». Les premiers visent le grand public et sont guidés par les ventes en kiosque, d'où leur sensationnalisme, alors que les seconds proposent leurs réflexions à un public plus restreint et abordent des sujets plus spécifiquement politiques.

Bourdieu soutient qu'une différence fondamentale s'établit à ce moment. À l'intérieur du champ journalistique, ceux qui produisent des commentaires et des analyses sont davantage reconnus et acquièrent un meilleur statut. En effet, leurs pairs les apprécient à partir de la qualité de leurs analyses et de l'à-propos de leurs commentaires. La capacité de bien synthétiser une situation politique et d'émettre avec brio un point de vue sur la question devient un art prisé, avec ses champions et ses laissés pour compte.

Les journalistes de nouvelles, quant à eux, bénéficient d'un appui populaire qui fonctionne comme le marché. Comme elle n'est pas traversée par une analyse et une réflexion dans l'espace public, mais qu'elle prétend rapporter des faits sans les analyser, la presse de nouvelles est associée à une consommation irréfléchie, exactement comme ce que le marché nous invite à faire pour d'autres produits. Même s'ils peuvent être très connus du public, ces nouvellistes n'ont pas la cote dans le milieu journalistique de l'époque, on les voit comme de vulgaires techniciens qui rapportent des évènements bruts sans inviter à la réflexion.

Tout en décrivant la façon dont s'organise le champ journalistique, Bourdieu ajoute que les moyens de valoriser ou de dénoncer clairement des pairs — de leur faire perdre ou gagner du capital — y demeurent toutefois flous. On peut songer au fait de citer le texte d'un collègue ou de le dénoncer devant un tribunal d'honneur, mais les conséquences de ces gestes (par ailleurs rares) restent vagues et incertaines quant au changement de statut du journaliste visé. L'acquisition de capital au sein du milieu journalistique ne dépendrait ainsi pas tant de ses artisans que d'un champ extérieur (au xixe siècle, le champ politique) qui en déterminerait la valeur.

Cette organisation du champ journalistique créée au xixe siècle s'effrite progressivement au début du xxe. La concurrence et la logique du profit érodent l'importance de l'analyse et le statut qui lui était accordé pour valoriser davantage la presse de nouvelles, celle qui vend bien. Cela n'est, bien sûr, pas étranger au mode de production de l'information et à la propriété privée qui la sous-tend, mais Bourdieu montre bien comment les médias publics ne tardent pas à suivre les habitudes des médias privés.

Nous allons le voir, ce qui importe ici n'est pas le caractère privé ou public de la propriété, mais la transition qui s'opère dans la dépendance du champ journalistique à un autre champ. Délaissant le politique, celui-ci s'affilie de plus en plus au champ économique, dont la logique comptable fonctionne comme celle de l'audimat. Bourdieu nous permet ainsi de répondre à Herman et Chomsky : même si le filtre du profit disparaissait dans les entreprises de presse, le milieu journalistique s'organiserait quand même en fonction d'une logique de recherche du plus grand nombre d'auditeurs, puisqu'il est dominé par le champ économique. En d'autres mots, le problème relève donc autant, sinon plus, de la transformation même de la façon dont les journalistes comprennent et évaluent la qualité de leur métier (recherche des cotes d'écoute) que de la volonté des entreprises de presse de faire du profit.

La télévision

Selon Bourdieu, l'arrivée de la radio, mais surtout de la télévision, vient porter le coup de grâce à l'autonomie du champ journalistique. Plus encore que les médias écrits, la presse électronique est branchée sur la logique de marché et s'y adapte avec beaucoup plus d'aisance par le biais des cotes d'écoute. Pour Bourdieu, en instaurant des systèmes qui lui permettent de connaître, de minute en minute, les variations de ces cotes, la télé, notamment, en vient à pouvoir quantifier la valeur de tout ce qu'elle présente et à réduire ainsi l'évaluation de sa programmation à cette seule variable.

Ainsi, la télévision nourrit très facilement son public de « nouvelles » et beaucoup moins d'« analyses ». Plus encore, elle donne facilement dans les faits divers, le sport, les affaires judiciaires, etc. Pourtant, le temps télévisuel est très précieux ; on pourrait donc penser qu'elle fait un mauvais choix en consacrant un temps si rare à des sujets aussi triviaux. C'est qu'à partir de la seconde moitié du xxe siècle, le champ journalistique est dominé par des impératifs économiques. Or, les faits divers font vendre, comme le divertissement en général. À l'inverse, les questions de fond et les analyses politiques fines sont très peu attrayantes. Non seulement sont-elles potentiellement ennuyeuses, mais elles risquent de diviser le marché. Si l'on veut fidéliser un auditoire de masse, on doit se contenter de banalités consensuelles et d'oppositions grossières.

Des médias qui s'homogénéisent

Dans cet univers soumis aux cotes d'écoute, la concurrence entre les médias joue un rôle étonnant. En effet, au contraire de la thèse économique selon laquelle toute concurrence favorise la diversité, elle se traduit selon Bourdieu par une homogénéisation grandissante des médias.

Il a été question plus haut de la logique du mimétisme; Bourdieu en retrace les origines. Pour lui, c'est en raison de la crainte constante de perdre de l'auditoire que les journalistes et, surtout, leurs patrons épient constamment le travail des autres médias. En fait, il n'y a à peu près que dans les médias qu'on consomme autant de médias. Pour les journalistes, il est normal de lire quatre ou cinq journaux par jour et de regarder l'ensemble des bulletins télévisés.

Ainsi, la peur de voir son concurrent profiter d'une primeur ou de «passer à côté» d'un événement devient un puissant moteur d'action. La différenciation entre les médias ne tient alors plus qu'à la recherche incessante de la primeur (notion probablement la plus éloignée de l'analyse ou du commentaire tant elle est un pari sur l'urgent et l'immédiat), ou alors à des détails techniques qui n'intéressent que les journalistes. Combien de «victoires» d'un média sur un autre sont remarquées uniquement par les journalistes; celui-ci a des images que cet autre n'a pas; celui-là reçoit un invité avant tout le monde; cet autre publie une photo particulièrement frappante en « une ». Contrairement aux journalistes — qui soulignent, entre eux, de telles distinctions au crayon gras — lecteurs et auditeurs remarquent à peine ces détails.

Ainsi, au lieu de se distinguer là où ça compte, les journalistes se battent pour des vétilles en oubliant qu'ils passent leur temps à s'imiter. Ces habitudes fortifient le rôle des « sources officielles » comme interlocuteurs privilégiés, mais aussi de certains invités et sujets sur lesquels la mode exige que tout le monde se prononce. Par exemple, les livres recensés dans tel journal devront nécessairement trouver une critique chez son concurrent. Ce qui fait qu'au bout du compte, on recense moins de livres.

Se dégage de cette lutte acharnée pour l'attention du public un état d'amnésie permanent. La nouveauté et la « tendance » sont tout ce qui compte, les réflexions à long terme et questionnements plus larges y trouvent à peine leur place. En effet, le long terme est toujours inévitablement « dépassé » parce que jamais commencé et jamais vraiment fini, sauf au moment où il faut commémorer, à intervalles réguliers, un événement historique. La prise de distance n'a pas sa place dans un champ journalistique dominé par la logique du marché et de la cote d'écoute. Et le champ journalistique ainsi tronqué en vient à compromettre la démocratie par son incapacité à relayer des débats de fond et de véritables dialogues sociaux dans l'espace public.

L'emprise du journalisme

Selon Bourdieu, si le champ journalistique est victime de la domination économique, il n'en demeure pas moins qu'il exerce une certaine emprise sur un ensemble d'autres champs en leur imposant sa logique interne déformée par l'économie. Ainsi, les champs littéraires, artistiques, politiques et scientifiques se transforment sous l'influence du journalisme.

Cherchant à accroître son public, le journalisme admet dans ses rangs des personnalités connues dans d'autres domaines et leur accorde un certain statut sans tenir compte des critères internes de chacun de ces champs. Ainsi, un auteur méprisé par ses pairs devient une star à cause de ses apparitions télévisuelles; un intervenant politique acquiert de l'importance parce que les médias trouvent qu'il « passe bien » à l'écran; un vulgarisateur scientifique dont ses collègues pensent qu'il écrit des fadaises produit best-seller sur best-seller à cause de sa couverture médiatique.

Conséquence : des gens répondant aux critères dévoyés du journalisme deviennent les porte-parole de leur champ en dépit de l'absence de reconnaissance de leurs pairs. Or, le journalisme ne favorise pas au hasard celle-ci ou celui-là. Au contraire, comme pour les nouvelles, il cherche les plus populaires, les plus vendeurs, les spécialistes qui répondent le mieux à la demande « spontanée » du marché : aujourd'hui un zeste de provocation, demain des propos qui flattent les pires stéréotypes. Ceux qui ont des vues difficilement acceptables dans l'espace public sont toujours présentés face à un contradicteur défendant l'opinion la plus répandue.

En matière d'art, de science et de politique, cela signifie en général que la voie la plus fréquentée, soit celle qui permet la reproduction sans questionnement de nos habitudes sociales, sera la plus souvent présentée. On correspond plus facilement à ce que les gens veulent (sans y avoir réfléchi) en offrant un contenu et une réflexion convenus, déjà vus. En contrepartie, les avancées véritables trouvent rarement une appréciation immédiate, qui fasse l'économie d'une réflexion. La contestation des normes sociales ou encore l'art actuel ne séduisent pas automatiquement la pensée des gens à qui on les présente. Toute vision critique du monde et de ses enjeux ne trouve pas nécessaire de recruter des adhérents au premier abord. L'absence — propre au journalisme actuel — de dialogue, de débat et d'espace pour convaincre en vient ainsi à simplifier à outrance d'autres champs sociaux, en rendant invisibles certains débats aux personnes qui n'y évoluent pas.

Ainsi, non seulement le journalisme, dans sa soumission à la logique de marché, entrave-t-il la démocratie, mais il uniformise aussi la réalité dont il prétend rendre compte. L'effet concret est de réduire la couverture des domaines qui ne s'intègrent pas bien au marché des cotes d'écoute, et d'où d'autres valeurs et perspectives pourraient émerger. La violence symbolique du journalisme trouve ici tout son sens. Le journalisme télévisuel perpétue quotidiennement une violence symbolique en réaffirmant que chacun d'entre nous occupe la bonne place, cette dernière étant légitimée par le choix démocratique du marché qu'incarnent les cotes d'écoute. Tenter de changer cet ordre social, ce serait s'opposer à la volonté démocratique exprimée constamment par ces mesures de la popularité.

Bourdieu propose, avec son concept de champs, un journalisme en rapport avec le monde. Les différents champs de la société contemporaine sont dominés par celui de l'économie. Le journalisme n'y fait pas exception. Transformé par la logique économique qui le traverse, le journalisme transforme aussi le monde qui l'entoure en lui imposant à son tour cette logique. Qui plus est, les journalistes ne sont pas régis par la seule logique de la machine de presse, mais bien par tout un système social de relations entre le capital, les champs de l'action humaine et la violence symbolique.

Conclusion

Grâce à Bourdieu, on arrive à mieux situer le journalisme dans son rapport avec le reste de la société. Il permet de comprendre les aspects pertinents d'une déontologie journalistique tout en montrant les limites d'une critique qui évite d'aller plus loin. On comprend mieux aussi l'évolution historique du journalisme, ce qui l'a mené à être ce qu'il est aujourd'hui.

Cela dit, l'argument du nombre et de la recherche du consensus avancé par Bourdieu convainc, mais pas entièrement. Comment, par exemple, expliquer que malgré tout certains discours non consensuels parviennent parfois à être diffusés et à convaincre le plus grand nombre? Dans l'univers médiatique bourdieusien, on croirait les masses condamnées à une hébétude éternelle. Quant aux concepts d'éducation ou de sensibilisation, Bourdieu ne les aborde tout simplement pas.

La notion d'idéologie, qui pourrait s'avérer utile ici, semble être également laissée de côté par Bourdieu — même si on a l'impression qu'il s'évertue, par ailleurs, à tenter d'en expliquer le fonctionnement dans tout le reste de son œuvre. Jamais *Sur la télévision* n'avance l'idée qu'un certain discours dominant est tenu par des acteurs bien précis dans le monde social et qu'il trouve un espace accueillant dans le monde médiatique. Les intérêts matériels que ces acteurs défendent par ce discours ne sont jamais non plus mis de l'avant.

On notera aussi l'absence d'un espace suffisant pour le développement d'un « autre » journalisme. Bien sûr, Bourdieu nous laisse imaginer quelques tentatives qui pourraient empêcher que la logique de marché ne s'étende partout, mais il ne manifeste aucune volonté de décrire le rôle que devrait jouer le journalisme dans le monde actuel. Devant la question inverse de l'idéologie, soit celle de la lutte contre le discours dominant, Bourdieu laisse un vide béant.

Pour aller plus loin

BOURDIEU, Pierre, *Sur la télévision,* suivi de *L'emprise du journalisme,* Paris, Liber, 1996.

—, *Le sens pratique,* Paris, Éditions de Minuit, 1960.

—, *Les règles de l'art. Genèse et structure du champ littéraire,* Paris, Seuil, 1992.

CARLES, Pierre, *Enfin pris?,* C-P Productions, 2002.

Les médias en actes, *Pierre Bourdieu et les médias,* Rencontres INA/Sorbonne, Paris, L'Harmattan, 2003.

CHAPITRE 5

LES CRITIQUES GRAMSCIENNES

POUR DÉNOUER LES PROBLÈMES rencontrés par la critique bourdieusienne, il faut se tourner vers les concepts qu'Antonio Gramsci a développés au début du XXe siècle. Ce marxiste italien, qui par ailleurs n'est pas le plus orthodoxe des marxistes, a d'abord été très actif au sein du Parti socialiste (PS) dont il était membre et il a par la suite fondé le Parti communiste italien (PCI). Il se trouve que la part de son œuvre la plus célèbre n'a pas été écrite pendant ses années de militantisme, mais lorsqu'il était en prison.

Gramsci commence à s'engager en politique en 1913 et voit croître, dans la population italienne, l'adhésion aux thèses les plus subversives. Étudiant à l'université de Turin, il a à la fois la chance de découvrir les pensées les plus fécondes de son pays et d'assister à la mise en place des conseils ouvriers qui s'organisent spontanément lors des grèves de 1919 et 1920.

Au début des années 1920, le PS et le PCI ont un ascendant particulièrement fort sur la population et comptent des dizaines de milliers de membres et des centaines de milliers de sympathisants. Présent dans les syndicats, ayant les moyens d'une propagande très large et des élus au sein du Parlement italien, le PCI est l'un des partis prometteurs de la Troisième Internationale formée en 1919.

Pourtant, en l'espace de six ans, les fascistes de Benito Mussolini prendront le pouvoir, le PCI sera déclaré illégal et Antonio Gramsci, qui le dirige alors, sera envoyé en prison. Pourquoi cette rapide débandade? D'où le pouvoir des fascistes, pratiquement inconnus cinq ans avant leur élection, a-t-il donc surgi? Comment des ouvriers ont-ils pu être séduits par le fascisme alors que son programme politique était objectivement à leur désavantage? Voilà quelques-unes des nombreuses questions auxquelles, de la geôle où il croupit, Gramsci tente de répondre.

Ses *Carnets de prison* comptent 3 000 pages, consacrées à des sujets très divers et bien différents des analyses marxistes classiques. Alors que pour de nombreux marxistes de son époque, l'économie détermine de façon mécanique tout le reste de la vie sociale (la philosophie, la politique, la culture), Gramsci, lui, propose un rapport dialectique plus subtil entre l'infrastructure (l'économie, la situation matérielle) et la superstructure (tout ce qui ne relève pas de l'organisation de la subsistance sur Terre et qui peut être lié au monde des idées).

Il accorde une place essentielle à l'idéologie au sein des sociétés capitalistes avancées. Cette question est centrale pour comprendre la victoire des fascistes contre les communistes. Elle permet également à Gramsci de développer les concepts d'« intellectuel » et d'« hégémonie » qui nous seront utiles ici. Comme ils traitent de façon critique ce qui relève de l'échange d'idées et de la communication, les travaux de Gramsci se révèlent particulièrement éclairants pour aborder la question du journalisme.

Les critiques gramsciennes ont déjà beaucoup servi. En effet, durant la seconde moitié du xxᵉ siècle, les textes de Gramsci connaissent hors d'Italie une popularité sans précédent. Le courant anglo-saxon des *cultural studies* a d'ailleurs largement utilisé sa pensée pour analyser les médias. Ici cependant, nous allons présenter Gramsci à partir de lectures plus franchement politiques.

Fondements marxistes

Qu'est-ce que Gramsci a puisé chez Marx? En premier lieu, la reconnaissance d'une division de la société en classes sociales, définies comme un ensemble d'individus partageant une même position dans leur rapport à l'économie. La classe qui domine le système économique en organise les composantes fondamentales. Nous vivons dans une société capitaliste, dans laquelle les capitalistes président aux choix essentiels et le font en fonction de leurs propres intérêts. Cette classe sociale est composée de gens qui n'ont pas besoin de vendre leur travail à d'autres pour vivre, mais qui, au contraire, possèdent les lieux de travail et les moyens de production, ce qui leur permet d'engager d'autres gens pour travailler. Ceux-là qui doivent vendre leur travail pour vivre sont les prolétaires.

Les capitalistes paient aux prolétaires la somme indispensable pour survivre. Toutefois le travail accompli rapporte bien davantage aux capitalistes que ce que les prolétaires, eux, obtiennent en salaire. Cette différence entre le coût de la survie des prolétaires, tel qu'établi sur le marché du travail, et l'argent obtenu en vendant ce qu'ils produisent est la plus-value.

Ce survol rapide de la *doxa* marxiste nous permet de constater deux faits de base. D'abord, pour les marxistes, la société n'est ni paisible ni pacifiée. C'est un lieu de conflit incessant, où ceux qui travaillent ne le font pas par «libre consentement», mais parce qu'ils doivent, pour survivre, vendre à d'autres leur temps et leur énergie. Ensuite, nous comprenons pourquoi certains marxistes considèrent l'économie comme le seul moteur véritable des transformations de la société. Car quoi qu'on dise ou fasse, il faut bien manger, se loger et se vêtir si l'on entend survivre. Il faut donc de l'argent. Cela veut dire, si l'on est prolétaire, travailler pour quelqu'un. Bref, ce qui fait bouger les choses, c'est la nécessité économique.

Les intellectuels

«Que faire des intellectuels dans le modèle marxiste?» se demande Gramsci. Les intellectuels n'engagent personne et ne possèdent pas d'usine, mais, à première vue du moins, ils ne produisent pas non plus par leur travail de valeur particulière.

Gramsci décèle un piège dans cette question, celui d'une division nécessaire entre travailleurs manuels et travailleurs intellectuels. Marx et d'autres marxistes ont fait, dit-il, l'erreur de s'y engouffrer, sans donner une analyse juste de la question. Pour Gramsci, il est vain de tenter de séparer qui travaille avec sa tête de qui œuvre avec ses mains. Le travail manuel exige (ne serait-ce qu'un tant soit peu) une réflexion. Et pour communiquer des idées, il faut habituellement se servir de ses mains (ne serait-ce que pour écrire).

Gramsci soutient d'emblée que nous menons tous potentiellement une activité intellectuelle, et que l'important est de savoir dans quelle mesure nous l'exerçons socialement. En se penchant sur la fonction de l'intellectuel au sein de la société, en se demandant à quoi et à qui servent ces personnes, on peut mieux les comprendre et les situer. Gramsci identifie à cet égard deux fonctions de l'intellectuel : celle d'organisateur économique et celle de bâtisseur de l'hégémonie.

La première fonction est essentiellement technique. Il s'agit surtout de coordonner le travail des autres au nom de la classe dominante. Les contremaîtres et gestionnaires de tout acabit exercent bien ce rôle, comme l'ont fait à d'autres époques certains clercs et curés, «gérants» d'esclaves ou petits fonctionnaires au service d'une monarchie. Ce sont les personnes qui disent aux autres quoi accomplir et comment le faire, non pour leur propre profit, nous dit Gramsci, mais pour celui de la classe dominante. Certains de ces organisateurs appartiennent aux groupes dominés et tentent de les autonomiser vis-à-vis des dominants. Il s'agit, par exemple, des syndicalistes de terrain pour la classe ouvrière ou des responsables de coopératives agricoles pour la paysannerie.

Ces organisateurs permettent à une classe de survivre et d'assurer la protection minimale des intérêts de ses membres. Ils forment la première ligne de défense qui assure le maintien des structures de base de leur classe. D'un côté, les gérants s'assurent que tous les travailleurs sont présents, travaillent et exécutent les tâches qu'ils ont à faire. De l'autre, les organisateurs syndicaux locaux, par exemple, voient à ce que leurs membres obtiennent une juste rétribution, à ce que les griefs soient traités à leur avantage, etc.

Mais cette fonction d'organisation ne suffit pas à permettre à une classe d'imposer ses intérêts au reste de la société. Pour ce faire, d'autres intellectuels accomplissent la seconde tâche évoquée plus haut : la construction de l'hégémonie. Gramsci définit l'hégémonie comme l'influence culturelle d'une classe sur les autres, qui permet d'assurer un consentement passif, sinon actif, à la direction donnée à la société par la classe dominante. Cette fonction est assurée par d'autres intellectuels : politiques, artistes, philosophes, juges, avocats et, bien sûr, journalistes. Avant d'examiner nommément la fonction des journalistes, voyons encore quelques concepts gramsciens qui contribuent à la situer.

On s'en doute, le rapport entre classe et intellectuels constitue une question centrale pour Gramsci. Si les intellectuels ne sont pas une classe en soi, et ne sont pas non plus complètement déterminés par leur origine sociale, quel est leur rapport aux classes sociales ? Gramsci affirme que les intellectuels y sont « organiquement » liés. Le terme « organique » est ambigu chez Gramsci et les analystes de son œuvre ne s'entendent pas sur sa définition. Pour certains, les intellectuelles organiques sont l'excroissance d'une classe, qui pousse naturellement à ses côtés. Il s'agirait en quelque sorte d'une strate qui émerge de la classe à laquelle ils sont liés et qui défend ses perspectives et ses objectifs, tout en demeurant critique. D'autres offrent une lecture plus rigide, selon laquelle les intellectuels sont « organiques » du fait d'appartenir à des *organisations* qui tentent de réaliser l'hégémonie d'une classe donnée. Selon cette thèse, on peut être organiquement lié à une classe sans en être issu. Ainsi, une rentière adhérant aux thèses marxistes pourrait écrire dans un journal révolutionnaire : elle serait alors organiquement liée à la classe ouvrière, même si son origine de classe est bourgeoise ou aristocrate. Qu'on retienne une approche ou l'autre, il apparaît clair à la lecture des écrits de Gramsci que la relation entre les classes et les intellectuels organiques est de nature fondamentale et structurante.

Cela dit, pour mieux évaluer les liens de dépendance qui s'établissent entre classes et intellectuels, il faut aller voir du côté des organisations auxquelles les intellectuels appartiennent. Dans quelle mesure l'organisation dans laquelle œuvre un intellectuel est-elle liée à une classe ? De quelle marge de manœuvre dispose-t-il au sein de cette organisation ? Ces deux variables peuvent permettre de déterminer le degré d'*autonomie* d'un intellectuel, c'est-à-dire sa capacité à critiquer la classe d'où émerge l'organisation à laquelle il participe. Or, on sait que pour l'intellectuel, cette autonomie sert de légitimation ; elle lui permet de justifier son statut particulier dans la société et sa capacité à critiquer le pouvoir de sa classe et celui de son organisation.

À titre d'exemple, au sein d'un parti politique lié à la classe dominante, la seule variable qui laissera une certaine part d'autonomie à l'intellectuel par rapport au discours du parti sera la fonction qu'il occupe dans ce parti — un parti politique étant très proche des intérêts de la classe qu'il défend. Une simple militante aura plus de marge de manœuvre qu'un organisateur de circonscription, qui en aura plus qu'une candidate, qui en aura plus qu'un député, qui en aura plus qu'une ministre. Il suffit de penser aux différents degrés de conséquences que chacune de ces personnes devra affronter si jamais elle s'écarte de la ligne de parti.

Dans le cas d'un groupe de recherche universitaire, la situation sera tout autre. Un groupe peut avoir un lien assez flou avec telle ou telle classe sociale. Parce qu'il dispose d'un espace d'autonomie assez vaste, il peut plus facilement critiquer le pouvoir en place. Ce pouvoir peut même trouver cette critique avantageuse puisqu'elle lui permet d'ajuster le tir sans pour autant être contesté, les groupes de recherche n'ayant pas pour objectif de le renverser. Cela dit, là aussi les intellectuels sont soumis à une hiérarchie qui détermine dans quelle mesure ils parlent au nom du groupe lors de leurs interventions publiques. Comme cela se fait dans les partis politiques, une professeure titulaire et responsable d'un groupe de recherche associera probablement le nom du groupe à ses écrits ou à ses déclarations, alors qu'une étudiante à la maîtrise sera plus libre de dire ou de publier ce qu'elle veut.

L'essentiel, cependant, n'est pas ce qui sépare les intellectuels organiques de leur classe, mais bien ce qui continue à les lier. L'autonomie signifie que l'intellectuel peut prendre une position critique face à la classe à laquelle il est organiquement lié, mais cela ne signifie pas qu'il s'en détache, voire qu'il en est *indépendant*. La fonction critique demeure un facteur important de consolidation et d'amplification de l'hégémonie d'une classe, en permettant à son discours de s'ajuster à l'évolution de la conjoncture. Quant à la critique elle-même, elle nécessite un certain degré d'autonomie, sans pour autant se targuer d'une complète (et illusoire) indépendance par rapport aux classes sociales.

Enfin, Gramsci souligne qu'il faut distinguer trois types d'intellectuels : l'organisateur, l'éducateur, le chercheur. Il faudrait aussi ajouter, comme le suggère le politologue québécois Jean-Marc Piotte, la distinction entre techniciens et techno-crates : elle permet de mieux comprendre la société actuelle et offre plus de subtilité que le simple terme d'organisateur. On pourrait ainsi parler de la série suivante : technicien, techno-crate, éducateur, chercheur.

Le technicien applique la connaissance sans la remettre en question. Le technocrate utilise la connaissance pour organiser les techniciens et l'adapte en fonction de la réalité. L'éducateur transmet la connaissance aux autres, mais, dans un rapport dialectique, apprend à la transformer selon la rétroaction des gens à qui il la transmet. Enfin, le chercheur développe de nou-velles connaissances à partir de l'activité de l'ensemble des autres intellectuels.

Évidemment, on ne peut faire de ce classement un modèle définitif. Certains technocrates (un sous-ministre, par exemple) auront plus d'importance comme intellectuels que certains édu-cateurs (une enseignante au préscolaire). Toutefois, dans la chro-nologie du savoir, les technocrates ont besoin d'éducateurs et les éducateurs ont besoin du travail des chercheurs.

L'idéologie

Une fois brossé le portrait de ce que sont les intellectuels dans une société, encore faut-il savoir ce qu'ils disent, ce qu'ils transmettent comme connaissance. Selon Gramsci, l'ensem-ble de leurs discours est traversé par une certaine logique pro-pre à une classe, une vision du monde ou une idéologie, soit une conscience du monde couplée à une façon d'agir. Chaque individu peut avoir sa vision du monde particulière, mais, on peut facilement le constater, dans l'univers social, de vastes pans de la population partagent les mêmes visions du monde et les mêmes façons d'agir.

Gramsci fractionne cette notion très large d'idéologie en cinq niveaux, qui diffèrent par leur complexité et leur uniformité : la philosophie, l'idéologie au sens restreint, la religion, le sens commun et le folklore.

Dans son ouvrage *La pensée politique de Gramsci*, Piotte offre une description synthétique de ces différents niveaux. La *philosophie* est le niveau le plus complexe et le plus unitaire. Une philosophie donnée est la vision la plus complète qu'une classe peut avoir d'elle-même pour expliquer sa place et son rôle dans le monde et le fonctionnement de celui-ci. L'*idéologie* au sens restreint est un ensemble de discours adapté à une situation historique particulière et qui peut être propre à une sous-catégorie au sein d'une classe. La *religion* est plus large et plus complexe que l'idéologie, mais du fait qu'elle s'étend à plusieurs classes, elle est moins homogène. Le *sens commun* est un terreau d'idées reçues, plus hétérogène encore que la religion et dénué d'une logique claire et systématique qui en relierait les éléments. Il est basé sur un fond de « bon sens » qui vient de l'expérience des rapports matériels, mais cet ancrage est troublé par un ensemble d'éléments disparates et inorganisés issus des idéologies dominantes, des religions et des philosophies. Enfin, on parle de *folklore* quand le sens commun se transforme en coutume incontestable. On fait les choses sans savoir pourquoi, parce qu'elles ont toujours été ainsi. Le folklore est une pensée figée, dogmatique et dispersée.

Ces concepts aident à mettre en lumière l'important renversement que propose Gramsci au sein de la pensée marxiste. Dans les sociétés capitalistes occidentales, où règne l'idéologie de la classe bourgeoise, les révolutionnaires doivent d'abord affronter cette idéologie dominante avant d'espérer une insurrection armée contre le pouvoir, parce que cette idéologie convainc les travailleurs que l'organisation actuelle de la société est bonne pour eux. La superstructure devient alors primordiale si on veut changer l'infrastructure. On comprend maintenant en quoi la pensée gramscienne, même si elle n'aborde pas ce sujet directement, est essentielle à la question du journalisme et en facilite l'étude. Elle fait ressortir l'importance des journalistes dans la construction du discours dominant ou, au contraire, dans celle d'une alternative hégémonique.

Analyse matérialiste de la constitution des journalistes

L'analyse gramscienne invite à poser un regard sur les dispositifs idéologiques à l'œuvre dans notre société pour faire des journalistes ce qu'ils sont. Ainsi, l'analyse gramscienne permet non pas de récuser les constats déontologiques, propagandistes et bourdieusiens, mais bien de leur donner un nouveau cadre explicatif.

Qui sont les journalistes? Question plus importante encore, d'où émergent-ils? D'où leur viennent leurs façons de comprendre le monde? Au Québec, tout le monde peut, en théorie, devenir journaliste: il n'existe pas, pour l'instant, de voie obligée ou même d'ordre professionnel dictant un processus d'accès aux médias d'information. Par contre, les cégeps et les universités offrent des programmes de journalisme, qu'ont généralement suivis les membres du corps journalistique actuel. J'écris « généralement » car, en fait, la plupart des journalistes qui ont commencé à travailler entre les années 1950 et 1980 n'ont pas suivi ce parcours, et bon nombre de jeunes journalistes proviennent encore aujourd'hui de programmes d'études axés sur les sciences humaines (science politique, sociologie).

Dans ses *Carnets de prison,* Gramsci consacre plusieurs pages à l'étude des systèmes d'éducation et à leur importance dans la formation des intellectuels. Qu'en est-il de l'apprentissage du journalisme offert dans les cégeps et les universités du Québec ?

En observant les programmes de journalisme de deux collèges (le cégep de Jonquière et la Cité collégiale à Ottawa) et de trois universités (l'Université de Montréal [UDEM], l'Université du Québec à Montréal [UQAM] et l'Université Laval), on pouvait, en 2010, distinguer une certaine tendance. La proportion d'apprentissages techniques (atelier de journalisme, stages, cours de rédaction et de montage) était d'au moins 60 % (UQAM) et pouvait atteindre près de 75 % (Laval). Dans la portion théorique qui reste, à peine trois ou quatre cours pouvaient être considérés comme porteurs d'une critique sociale (soit de 6 % à 16 % du cursus). En France, François Ruffin est arrivé à des conclusions semblables (en fait, bien plus sévères et détaillées) dans son enquête provocante sur l'institution par excellence d'apprentissage du journalisme hexagonal, le Centre de formation des journalistes, situé au 35 rue du Louvre, à Paris.

Bien sûr, on rétorquera que des cours techniques — essentiels, il ne s'agit pas de le nier — peuvent favoriser un apprentissage théorique. Peut-être. Pourtant, l'expérience des programmes d'enseignement en journalisme tend à montrer le contraire : même dans les cours théoriques, on se rabat habituellement sur des enjeux pratiques. Il y est plus souvent question de droit du journalisme ou de banalités sur le fonctionnement de base du système parlementaire que de recevoir une formation d'analyse historique, sociologique ou politique.

La conception même de la formation des journalistes, axée sur l'idéal journalistique et son éthique, charrie un préjugé : celui d'accepter et de comprendre le monde tel qu'il se présente à leurs yeux. Si l'on se fie à la hiérarchie des intellectuels décrite par Gramsci, on forme essentiellement des techniciens, au mieux des technocrates. Les journalistes n'ont aucun besoin de poser un regard critique sur la réalité ou de maîtriser des concepts pour la comprendre. Tant qu'ils sont honnêtes et justes, ils ont tout ce qu'il faut pour réussir... Mais pour réussir quoi ?

Les différents niveaux d'idéologie distingués par Gramsci trouvent ici leur utilité. Concrètement, ce regard irréfléchi sur le monde confine le journaliste moyen à une vision ne reproduisant que le sens commun ou le folklore. Toute la formation technique ne cesse de lui rappeler d'utiliser le langage le plus simple possible afin d'être bien compris par « monsieur et madame tout le monde ». Il faut donc, dans bien des cas, reproduire les schèmes narratifs les plus communs de la société (comme le soulignent les critiques déontologiques). Les journalistes apprennent ainsi à répéter ces clichés en leur cherchant de nouveaux oripeaux qui renforceront leur efficacité et l'adhésion de l'auditoire.

C'est dire qu'en leur transmettant une technique visant à simplifier au maximum le message, en leur donnant comme bagage théorique principal un idéal journalistique simpliste, volontariste et libéral, et enfin en ne leur offrant pas de cadres conceptuels permettant de bien saisir le monde, les écoles de journalisme forment des intellectuels prêts à servir les organisations dominantes. On constate à quel point cette critique se démarque du volontarisme libéral (ou de son négatif paranoïde, la théorie du complot) : ce n'est pas parce qu'ils sont stupides, négligents ou mal intentionnés que les journalistes transmettent la pensée dominante, c'est parce qu'ils considèrent sincèrement que c'est la bonne façon de faire leur métier.

Bien sûr, il existe des journalistes qui, ayant reçu une meilleure formation ou ayant acquis une culture critique jugée nécessaire à l'accomplissement de leur travail, débordent de ce cadre esquissé à gros traits. Ils s'acquittent alors différemment de leur rôle social. Mais il s'agit, pour Gramsci, d'une différence de degré et non de nature.

Nombre d'analystes politiques, d'éditorialistes ou de chroniqueurs économiques font plus que transmettre le sens commun : ils œuvrent plutôt au niveau de l'idéologie. Leur rôle est plus important, car ils assument la fonction de critiques constructifs. Il revient donc à cette avant-garde de signaler les problèmes qui se dressent devant l'idéologie dominante, de proposer de nouvelles approches ou postures pour les résoudre.

Même si on leur prête une fonction plus importante comme intellectuels, leur appartenance de classe demeure déterminante, leur lien organique étant toujours établi avec la classe dominante. En effet, c'est au sein de ces organisations qu'ils évoluent. Comme nous l'avons vu plus haut, Gramsci propose deux critères pour mesurer le degré d'autonomie des intellectuels par rapport à une classe, que nous pouvons appliquer aux médias : à quel point un média est-il lié à la classe en question ? et à quel point le journaliste est-il lié au média ?

Prenons le cas du Québec, où la plupart des grands médias d'information privés appartiennent à deux propriétaires : Québecor et Gesca. La richesse et le pouvoir des dirigeants de ces deux organisations sont bien connus, ce qui les lie immanquablement à la classe dominante. Restent, bien sûr, les médias publics, moins directement liés à cette classe et à l'égard desquels, conséquemment, les journalistes sont un peu plus autonomes. De la même manière, les journalistes ayant acquis une certaine sécurité d'emploi (souvent relative, il est vrai), sans être pour autant à l'avant-scène de leur média, ont plus d'autonomie que les jeunes temporaires corvéables et jetables à la moindre incartade ou que les éditorialistes et les chefs d'antenne les plus visibles.

Ce niveau variable d'autonomie des journalistes (et, partant, de leur production) peut donner l'impression d'une grande diversité de messages. Pourtant, autonomie ne signifie pas indépendance. Dans l'analyse gramscienne, la plupart des journalistes demeurent organiquement liés à la classe dominante. La vision du monde qu'ils construisent, l'idéologie à la diffusion de laquelle ils participent rendent compréhensible, acceptable et sensé le monde dysfonctionnel du capitalisme.

On entend déjà les hauts cris de nombreux journalistes en réaction à cette description sommaire. Il leur déplaît de se voir assimiler, sans autre forme de procès, à des hérauts de la classe dominante. Sans militer, bien sûr — devoir de réserve oblige! —, comme peuvent le faire des activistes, ils prétendent pourtant à une certaine distance, voire à la neutralité. L'analyse de Gramsci relativise cette autonomie en en déconstruisant les bases théoriques.

On peut prendre le problème à l'inverse, en s'intéressant au contenu publié. Si les journalistes sont ces témoins neutres de l'actualité dont la fonction est de faire comprendre au public les enjeux clés de la société, pourquoi ne les voit-on jamais aborder certains enjeux? Cette observation gagne à être vérifiée dans trois domaines distincts: l'économie, la politique et la société en général.

L'économie

Premier sujet intéressant soigneusement évité: le pouvoir des employeurs au sein de notre société. Dans notre système économique, un employeur a le loisir d'éconduire son personnel à certaines conditions (plus ou moins contraignantes selon le degré d'organisation syndicale). L'actualité donne trop souvent l'occasion de constater ce phénomène, les journalistes faisant état de mises à pied massives dans divers secteurs, incluant le leur.

Mais rarement voit-on les médias de masse poser la question suivante: est-il acceptable (socialement ou moralement) qu'une personne ou un conseil d'administration restreint transforme de façon aussi importante la vie de beaucoup de gens en les congédiant? Cette question ouvre la porte à son corollaire: est-il juste que cette personne (ou le même groupe restreint) ait, en premier lieu, choisi qui allait travailler ou non dans l'entreprise ? Est-ce efficace économiquement ? Cette façon de gérer les ressources humaines de l'entreprise est-elle la plus propice au bien de l'ensemble de la société ? Ou profite-t-elle à certaines personnes aux dépens des autres ?

En poursuivant sur le même thème, est-il fréquent de voir un journaliste demander à un chef d'entreprise qui vient de procéder à des mises à pied s'il est éthiquement valable que le confort, la sécurité alimentaire et la santé de nombreuses personnes soient menacés parce qu'il souhaite pouvoir s'enrichir plus rapidement ? Quand un entrepreneur délocalise sa production en Asie ou au Mexique, lui demande-t-on s'il considère comme humainement acceptables les conditions de travail qu'il offrira à ses nouveaux employés ?

La réponse est évidente, ces questions ne sont presque jamais posées. Leurs réponses, qui pourraient pourtant être débattues, sont sous-entendues comme des évidences dans les débats économiques. Il va de soi que c'est le droit inaliénable d'un patron de choisir des employés et de les mettre à pied pour des questions de rentabilité.

De la même manière, quand pose-t-on la question du fonctionnement des marchés financiers et de leur efficacité économique ? Il aura fallu une crise monumentale, des mouvements de protestation monstre et des conséquences désastreuses sur la vie des gens pour voir des journalistes se demander publiquement si le mode actuel de répartition des ressources, basé sur l'échange d'actions entre une infime minorité de gens dans le monde entier, est le plus juste et le plus efficace.

Il arrive souvent que même les choix en matière de politique économique de l'État ne soient pas débattus, mais au mieux commentés dans les médias d'information. On se contente de les présenter comme des faits avérés, pour ensuite faire part du mécontentement prévisible de l'opposition parlementaire. Les choix budgétaires d'un gouvernement sont-ils ceux que nous souhaitons? Les médias ouvrent rarement le débat sur cette question. À entendre certains journalistes, la réalité économique s'impose à l'État, alors que l'opposition est forcée de s'y opposer, comme à tout le reste.

La politique

Poursuivons avec les questions d'ordre politique. Bien que les médias abordent parfois (mais très rarement) la question du débat entourant le mode de scrutin, ils demeurent toujours muets sur la légitimité politique des gouvernements élus selon le mode de scrutin actuel. Lors des soirées électorales, par exemple, demande-t-on au vainqueur s'il se considère comme légitime et représentatif malgré le faible pourcentage de la population qui appuie son parti, surtout quand on considère la lourde abstention? Les quelques fois où l'on se préoccupe du mode de scrutin dans les médias, on renvoie l'affaire à un problème technique à régler entre spécialistes.

Nous vivons dans un système politique soi-disant démocratique qui devrait incarner le pouvoir du peuple. Un parti peut prendre le pouvoir avec l'appui d'environ un cinquième de la population totale et on n'ose même pas poser la question de sa légitimité?

Une fois la question de la légitimité politique ouverte, il est difficile de la refermer. Tout le pouvoir accordé au gouvernement et, plus spécifiquement, au premier ministre est-il légitime? Le reste-t-il quand celui-ci outrepasse, dépasse ou contredit le programme pour lequel il s'est fait élire? Si tout cela est légitime, cela signifie-t-il que l'élection d'un gouvernement est ni plus ni moins qu'une carte blanche donnée à un parti pour diriger le pays?

On peut également considérer la question de la capacité du peuple (supposément souverain) d'exprimer son mécontentement envers ses représentants. Dans la plupart des pays, la seule façon formelle est de voter autrement lors des élections suivantes et de faire connaître son insatisfaction par des sondages. Cela dote les représentants d'une impunité certainement questionnable: ils peuvent faire ce qu'ils souhaitent pendant leur mandat et leurs gestes peuvent avoir pour seule conséquence de ne pas être réélus lors du scrutin suivant. La capacité du peuple à exercer sa souveraineté n'est-elle pas un peu faible?

Ces questions, pourtant fondamentales, ne sont presque jamais abordées par les médias. Alors qu'ils présentent le monde politique comme un lieu propice au débat, ils laissent de côté des enjeux essentiels qui remettent en question la validité de certaines décisions, si ce n'est la légitimité même des gouvernements.

La société

Le questionnement de certaines habitudes sociales ne fait pas non plus partie des mœurs médiatiques. Des problèmes mondiaux comme la famine, la crise environnementale et la guerre sont très rarement traités en tenant compte de l'effet de nos sociétés sur ces réalités. Il ne s'agit pas ici d'incitation au recyclage ou de «petits gestes qui changent tout», mais bien de quelques questions toutes simples : est-il possible pour la planète de soutenir un style de vie comme le nôtre pour tous ses habitants ? Tout le monde, sur Terre, peut-il posséder une voiture, une maison en banlieue, manger trois repas de viande par jour et avoir assez de vêtements pour s'habiller différemment pendant deux semaines consécutives ? Ce mode de vie est-il souhaitable pour l'être humain, en ce sens que nous devrions tous, idéalement, accéder à cette norme ?

On aborde plus rarement encore les conséquences géopolitiques de ces enjeux. S'il n'y a pas assez de ressources pour que tous aient accès au style de vie occidental, serait-il possible que les pays les plus riches privent en ce moment une part de l'humanité des ressources qui pourraient lui servir de minimum vital ? Quand ouvre-t-on un reportage sur un conflit à partir de cet angle ? Sauf devant de rares scandales, quand aborde-t-on les guerres africaines pour le contrôle des ressources sous l'angle de l'implication de nos entreprises et de nos gouvernements ?

Enfin, autre question de fond que le journalisme contemporain évite : cette vie de consommation effrénée est-elle même satisfaisante pour ceux qui la vivent ? En sont-ils plus heureux ? Sont-ils au contraire responsables d'une inlassable course contre la montre pour acquérir ce qu'ils n'ont pas encore ? Cette vie de banlieue rangée et ce travail incessant, est-ce là une vie idéale et satisfaisante ? En fin de compte, est-ce un gage de réalisation ou de frustration et d'amertume ? Il ne s'agit pas d'aborder la question d'un point de vue individuel, comme le font les émissions de psycho-pop, mais bien d'aborder notre contexte social comme propice ou non à l'épanouissement individuel et collectif.

Ici encore, le contexte géopolitique mondial et le destin individuel dans nos sociétés sont présentés comme des évidences incontestables. « Le monde est ainsi fait », se contentent d'affirmer les journalistes.

Le piège de l'autonomie

On le voit bien, ces questions — pourtant cruciales — ne sont jamais abordées par les journalistes, ou alors très rarement. Quel rapport avec la classe dominante ? Ces questions permettent en fait de situer la place des journalistes dans les catégories de l'idéologie générale que Gramsci a définies. En faisant l'impasse sur ces questions (parmi d'autres), les journalistes, comme intellectuels, ferment la porte à toute analyse philosophique de ces enjeux. Ils entretiennent l'idée que le monde tel que nous le connaissons est fondamentalement optimal et indiscutable. Ils ne remettent pas en question ses principes économiques, politiques et sociaux de base et les acceptent tacitement. Pour Gramsci, toute philosophie est produite par une classe. Le libéralisme défendu par les journalistes est la philosophie de la classe dominante, du fait qu'il reproduit et protège son pouvoir et ses organisations.

Pour Gramsci, la majorité des journalistes contemporains sont donc des intellectuels organiques de la classe dominante. Ils bénéficient d'un certain degré d'autonomie, dont ils font grand cas pour demeurer crédibles. Toutefois, cette autonomie n'est qu'un outil de plus pour la classe à laquelle ils sont liés organiquement. Par leurs critiques, ils lui permettent d'ajuster son discours idéologique aux nouvelles conjonctures sociales. Ils influent aussi sur le sens commun et le folklore pour les transformer, non pas de manière subversive en remettant en question les fondements de la domination, mais en augmentant son efficacité idéologique, car ils l'adaptent aux besoins du moment.

Les journalistes entrent, dès leur formation, dans le piège de l'autonomie relative que leur permet leur organisation, sans pourtant voir tous les tabous et les interdits qui les circonviennent. Sans voir non plus que leur réticence à les franchir témoigne de ce qu'ils ont complètement intégré cette vision du monde, avec ses restrictions.

Conclusion

L'approche gramscienne dépasse et intègre les critiques précédentes. Au lieu de lancer la pierre aux journalistes pris individuellement, la critique gramscienne les considère comme des intellectuels ayant un rôle particulier dans le système économique et politique contemporain et explique comment ils jouent ce rôle.

Elle dépasse aussi la critique d'Herman et Chomsky en ne se limitant pas aux entreprises de presse pour tenter de comprendre la société. Plus question de déplorer des filtres imposés à des journalistes neutres qui les empêchent de faire convenablement leur travail, alors qu'ils seraient si efficaces en leur absence. Gramsci nous permet plutôt de situer et d'inclure les journalistes dans un système économique et culturel fondé sur des dynamiques d'opposition entre classes. La société est abordée comme un tout, et non comme une collection d'objets potentiellement fonctionnels séparément, mais grevés par des problèmes ponctuels.

Enfin, la critique gramscienne fait du Bourdieu là où Bourdieu n'en fait pas. Elle cherche à expliquer les réflexes des journalistes, l'origine de leur attitude particulière en se basant sur leur passé commun et le système social qui les entoure, ce qui ressemble à la définition de l'*habitus* chez Bourdieu. Si elle peut très bien s'adapter à la théorie des champs, la critique gramscienne ne milite pas pour la préservation de la tradition intellectuelle élitiste, comme le sous-entend la critique bourdieusienne. Elle propose plutôt la possibilité d'un journalisme subversif et antisystémique composé d'intellectuels affranchis de la philosophie libérale.

En effet, la critique gramscienne procède d'une proposition latente. Pour Gramsci, il faut agir pour transformer la société. Le rôle des intellectuels est fondamental, car ils œuvrent sur le front même de la guerre idéologique entre le libéralisme dominant et la pensée de la résistance et de la lutte. Prendre d'assaut le libéralisme en utilisant les outils issus de la pensée marxiste pour rallier les masses, voilà le programme proposé aux intellectuels par Gramsci. Toute tâche moins ambitieuse dont ils s'acquittent ne fait que participer à la reproduction du monde tel qu'il est.

Pour aller plus loin

CREHAN, Kate, *Gramsci, Culture and Anthropology,* Berkeley, University of California Press, 2002.

GRAMSCI, Antonio, *Gramsci dans le texte,* Paris, Éditions Sociales, 1975.

HALL, Stuart, *Encoding and Decoding in the Television Discourse,* Birmingham, Centre for Contemporary Cultural Studies, 1973.

MORERA, Esteve, *Gramsci's Historicism : A Realist Interpretation,* New York, Taylor & Francis, 1990.

PIOTTE, Jean-Marc, *La pensée politique de Gramsci,* Montréal, Lux, 2010.

RUFFIN, François, *Les petits soldats du journalisme,* Paris, Les Arènes, 2003.

Chapitre 6

Les critiques freitagiennes

MÊME S'IL A PASSÉ une grande partie de sa vie au Québec, Michel Freitag y demeure peu connu. Auteur de nombreux ouvrages en sociologie, il a enseigné cette matière à d'innombrables étudiants de l'UQAM. Qu'il soit méconnu du grand public tient peut-être à certaines tares médiatiques mentionnées plus haut: information spectacle, mimétisme, etc. Cela dit, il faut préciser que ses propos souvent touffus pour les auditoires non initiés faisaient de lui le contraire de l'intellectuel médiatique. Si l'homme était passionnant à écouter, il ne se laissait pas enfermer dans des clips de quelques secondes.

Dans l'UQAM tumultueuse des années 1970, Freitag s'est davantage intéressé à la « révolution » postmoderne et néolibérale qu'il sentait venir qu'à la révolution socialiste qu'espéraient les jeunes marxistes-léninistes. Il a concentré ses efforts, entre autres, à faire valoir que par leur économisme obtus, les marxistes orthodoxes étaient incapables de percevoir que la nouvelle tangente empruntée par le capitalisme était en train d'attaquer le fondement politique de la société, auquel ils ne portaient pas attention et sur lequel s'appuie pourtant toute possibilité d'émancipation. Ce souci particulier qu'il portait aux institutions en fera un critique particulièrement pertinent de leur dissolution dans la logique organisationnelle du capitalisme globalisé, qu'il associait à un épuisement des idéaux de la modernité.

Son œuvre majeure, *Dialectique et société,* a pour projet ambitieux de fonder une théorie sociologique générale. Mon objectif n'est pas ici de présenter cette approche baptisée « sociologie dialectique ». Mentionnons seulement que la communication telle qu'on l'entend normalement n'occupe pas la place centrale dans cette œuvre. Il y est peu question des journalistes ou des médias. Toutefois, cette communication contemporaine, devenue le lieu des experts, du marketing, de l'immédiateté, des technologies et des « communicateurs » en tout genre, est probablement l'une des représentations de ce passage vers la postmodernité que Freitag considérait comme si inquiétant.

En effet, la communication contemporaine présente tous les aspects d'un monde lisse et poli, où les flux d'informations peuvent se rendre sans le moindre frein de la bouche directrice à l'oreille obéissante. L'espace institutionnel de discussion, le lent mouvement de la réflexion, l'attention portée au monde qui nous entoure et à sa préservation, ces soucis pourtant essentiels s'évanouissent dans le processus communicationnel. Pour assurer l'efficacité économique et maximiser le rendement, tout doit aller toujours plus vite. Ce miroir aseptisé, rapide et technologique de nos écrans d'ordinateur renvoie l'image d'une société qui a remplacé le socle politique qui la fondait par la gestion d'une machine économique extérieure à elle et qui la dirige. L'apparence attrayante du monde des communications cache en fait le revers d'un monde où les humains sont superflus.

Comme l'œuvre de Freitag n'aborde pas directement la question des médias, nous nous servirons du travail d'un politologue qui s'est inspiré de l'œuvre de Freitag pour observer le monde des médias. Dans son mémoire de maîtrise (dont la référence se trouve à la fin de ce chapitre), Eric Martin propose une analyse qui complète bien l'analyse gramscienne que nous venons d'esquisser, tout en dévoilant un de ses points aveugles : la question des institutions. La grande qualité de la réflexion d'Eric Martin vient du fait qu'il a lui-même fait l'expérience du monde des communications en plus d'avoir une lecture étendue de la théorie critique.

La critique freitagienne intègre la transformation du journalisme à une transformation sociétale plus large. Nous tenterons de rendre justice à cette vision générale, tout en gardant à l'avant-plan le problème particulier des médias.

L'arrivée de la modernité

Un moment-clé des sociétés occidentales se trouve dans la transition vers la modernité. Avant cette étape, le monde occidental est organisé à partir d'une loi que les humains considèrent comme relevant d'un autre qu'eux : Dieu. Par l'entremise de ses représentants sur Terre, la Voix divine s'exprime sous forme de règles, de devoirs, d'obligations. Les respecter répond au mandat dévolu aux humains dans le monde, celui de l'obéissance aveugle à une instance qui les dépasse.

Dans les mots de Kant, le projet de la modernité est que les humains aient la maturité de penser par eux-mêmes. Qu'est-ce que cela signifie? Que notre raison doit servir à questionner le monde, ainsi que les autorités politiques et morales. En somme, ce n'est pas une entité extérieure à l'humanité qui doit décider de son destin, mais les humains eux-mêmes.

Pour que la politique soit possible en dehors de l'autorité arbitraire de la monarchie ou de l'Église, elle doit se fonder sur un espace commun à l'ensemble du corps social, un espace où les décisions qui concernent tout le monde sont prises en commun. On assoit alors la politique sur des bases démocratiques, appelant un débat vigoureux et éclairé entre les différentes positions politiques.

Nous l'avons vu, c'est ici qu'interviennent les journalistes. Leur responsabilité est justement d'ouvrir et de maintenir cet espace de débat. La vaste diffusion de leurs publications permet la transmission d'idées et de propositions qui peuvent être débattues, critiquées et améliorées dans une parution suivante ou dans une autre publication.

L'espace public et les médias sont donc une médiation essentielle au cœur même de la démocratie; un espace intermédiaire entre le peuple (*démos*) et son pouvoir (*kratos*). Sans cette médiation, le sens de la démocratie s'effondre: sans lieu où parler, dialoguer et débattre, le *démos* ne peut exercer le pouvoir en commun. Pour que la démocratie soit plus que des préjugés individuels additionnés par le vote, il faut disposer d'un endroit où les idées s'entrechoquent et sont soumises à la critique de la raison.

L'association libre

Dans les sociétés démocratiques, et notamment dans celles qui, comme les États-Unis, n'ont pas connu l'aristocratie, l'organisation de la société diffère beaucoup des anciens régimes. Le féodalisme proposait une suite ininterrompue d'institutions où se rivaient les sphères privée et publique : on y avait tel destin politique parce qu'on appartenait à telle famille, à telle contrée ou à telle guilde. Les institutions sociales apparaissaient alors comme entièrement imbriquées les unes dans les autres. Cette intégration entre la vie privée et la vie publique était certes démesurée, arbitraire et oppressante, mais elle existait.

Dans la démocratie libérale, qui plus est lorsqu'elle n'a pas connu l'aristocratie, chaque individu peut, en théorie, choisir son propre destin et n'a pas besoin, par exemple, d'avoir des origines nobles pour s'engager en politique. Cette dissociation entre le sens de sa vie privée et celui de sa vie publique lui retire toutefois quelque chose : le sens de l'action commune. Ce n'est plus par une appartenance préexistante à une lignée ou à un clan que chaque personne s'intègre à l'évolution du monde qui l'entoure, mais par des regroupements délibérés avec d'autres. Les humains n'obéissent pas à un principe extérieur (l'honneur, la religion, le devoir), quand ils s'engagent, ils le font avec un sentiment personnel de l'importance de cette démarche, avec leur propre entendement et leur compréhension du monde.

C'est donc sur la base d'une volonté individuelle que se rassemblent politiquement les personnes vivant en démocratie libérale. Ce n'est pas à priori et par nature que ces personnes assument leur position politique, mais bien par des choix et des réflexions individuels et volontaires. Contrairement à l'époque féodale, leur compréhension du monde et de leur rôle dans celui-ci ne découle pas directement de la sphère privée et de facteurs prédéterminés comme les liens de sang ou la religion. Les individus ont donc besoin de l'espace public pour débattre des finalités du monde et définir leur identité politique et leurs objectifs.

C'est dire que l'espace public, dans une société démocratique, n'a pas une importance strictement collective. Comme la sphère privée ne porte pas *de facto* une identité politique et ne fournit pas aux plus jeunes une formation politique en lien avec leur origine, le lien avec l'espace public est un passage obligé pour le devenir politique de chaque individu. Pour ne pas rester de simples monades isolées de leurs pairs, pour construire des projets et habiter le monde avec les autres, chaque individu a donc tout autant besoin de l'espace public que la collectivité. Les médias, à titre de passerelles où se rencontrent les individus pour parler et débattre de leur avenir commun, deviennent donc à la fois les porteurs de l'espace public et un pilier fondamental de l'exercice d'une action politique démocratique.

Transformation de l'espace public

Au tournant du xxe siècle, un changement commence à s'opérer, qui n'est pas sans rappeler celui dont fait état Bourdieu à l'intérieur du champ journalistique — l'ascendant croissant des nouvellistes par rapport aux analystes politiques. Mais au lieu d'en attribuer l'origine à un phénomène interne au métier journalistique, Eric Martin identifie une transformation plus profonde de l'institution politique et de l'espace public.

Aux États-Unis en premier lieu, mais bientôt ailleurs en Occident, se vit une technocratisation du politique, soit une transition du pouvoir politique vers les personnes et instances détentrices de savoirs techniques. Comme les sociétés deviennent de plus en plus complexes en raison de l'industrialisation, de la production et consommation de masse, d'aucuns soutiennent qu'on ne peut laisser à des ignares le soin de prendre les décisions politiques cruciales. Combien de gens connaissent suffisamment, par exemple, le système judiciaire pour apprécier la qualité d'une loi? Qui a le savoir requis pour élaborer une politique industrielle dans un domaine de technologie avancée? Une poignée de personnes, tout au plus.

Il faut donc, pour mettre en place l'ordre social le plus fonctionnel, s'assurer que les bonnes personnes prennent les décisions et s'acquittent des tâches auxquelles les disposent leurs compétences et leurs savoirs. On comprend à quel point ce principe technocratique transforme profondément notre compréhension de la société, du lieu où nous vivons ensemble. Il ne s'agit plus de ce projet commun dont nous déterminons ensemble les objectifs, mais d'une machine complexe dont les rouages les plus subtils appellent les spécialistes les plus habiles sous peine de tomber en panne.

Le pouvoir réel étant ainsi confisqué, on voit la politique se déplacer, en lieu et place du vigoureux débat d'idées essentiel à la démocratie, vers des tactiques de positionnement et de fabrication d'images qui se substituent à la réalité. Ayant pratiquement passé la main à une classe de technocrates, les politiciennes et politiciens sont de moins en moins les porteurs d'une idée ou d'un projet; ils et elles deviennent également des techniciens spécialisés, leur domaine n'étant plus « la politique » mais bien la communication, laquelle devient un puissant moyen de fabrication du consentement sur des enjeux particuliers et non universels. Il n'est plus question de proposer les meilleures idées lors des débats, mais simplement de faire la meilleure impression (par son attitude, son ton de voix, son menton rasé de près ou sa toilette), ce que les journalistes s'affaireront à déterminer. L'image se substitue à la réalité, la réflexion cède le pas aux réflexes.

Adaptation des médias de masse

Eric Martin recense les penseurs contemporains importants ayant contribué à instaurer cette vision de la réalité et influencé le rôle que les médias doivent y jouer. Il cite en particulier les travaux de Walter Lippman et Niklas Luhmann. Sans détailler le point de vue de chacun d'entre eux, voyons le rôle qu'ils prêtent aux médias.

Si pour eux les médias cessent tranquillement d'être des lieux de débat, c'est simplement parce qu'il n'y a plus vraiment de débat à avoir, qu'il n'y a pas d'opinion à former. Le public peut bien sûr choisir entre tel ou tel communicateur politique, entre tel ou tel sourire étudié. Mais quand il s'agit de décisions qui auront un impact direct sur le monde, le public ordinaire est décrété incapable de décider de quoi que ce soit. Les médias deviennent une courroie de transmission d'information.

Selon leur perspective, pour aider les spécialistes à prendre les meilleures décisions, les médias devraient plutôt transmettre aux technocrates non des opinions, mais des faits vérifiables. Quant à la population, les médias lui font suivre les messages des communicateurs pour l'informer des décisions qui ont été prises et des façons de s'y adapter. Tout débat ou réflexion politique est dès lors présenté comme suspect. L'espace public peut bien accueillir quelques invectives idéologiques entre communicateurs, ce qui compte réellement c'est l'étude et la prise en compte de faits concrets. Quelques débats peuvent persister dans la sphère publique (par exemple, où construire un hôpital), mais ils tiennent plus de l'ordre des moyens que des fins.

Lippman propose même, dès 1924, la création de « bureaux du renseignement » réunissant une batterie de spécialistes de chaque secteur de la société dont le travail serait de suivre l'évolution de cette dernière à la loupe pour tenir les gouvernants informés de chaque menu changement de situation. Ces spécialistes seraient en mesure, en fait, d'expliquer et de mesurer directement le monde et de le rendre compréhensible. Les bonnes décisions politiques se déduiraient alors presque mathématiquement de leurs enquêtes. Là encore, le journaliste sert au mieux de courroie de transmission ou de porte-voix pour les annonces officielles.

Pour Niklas Luhmann, qui intervient beaucoup plus tard, la société est devenue un amalgame de systèmes complexes qui se répondent entre eux, mais sans jamais ne rien exprimer d'essentiel sur les êtres humains. Chaque système tente de réduire les problèmes qui lui sont présentés à une logique binaire qu'il est en mesure de résoudre. Par exemple, le système de justice tente de résoudre les problèmes qui lui sont posés suivant la division légal/illégal. Ce qu'il ne peut résoudre selon cette division est renvoyé à un autre système (politique, policier, éducatif). Dans cet amalgame de systèmes, le rôle des médias de masse est de fournir sans cesse aux autres systèmes des informations au sujet de leurs environnements respectifs.

On voit ici un changement profond dans la compréhension du fonctionnement de la société et du rôle des médias. La question n'est pas de savoir si les idées de ces penseurs se sont complètement réalisées, ou même si au bout du compte elles étaient exactes. Les étudier permet de comprendre l'évolution de notre regard sur le monde social et médiatique. Le point de vue moderne, qui concevait la société comme un tout où des institutions étaient nécessaires pour assurer la médiation entre les humains, est clairement laissé de côté aujourd'hui, réduisant la société à un objet qu'on peut étudier, comprendre et « réparer » de l'extérieur, et qu'il suffit d'entretenir avec le plus d'habileté technique possible. D'une société moderne qui cherche à définir ses propres buts, on est passé à une société postmoderne qui, étrangère à elle-même, ne poursuit plus aucune finalité pour se contenter de « fonctionner », de s'adapter de proche en proche à elle-même.

Critique du journalisme postmoderne

La critique freitagienne s'attaque en premier lieu à cette caricature postmoderne du monde. Les êtres humains ne sont pas séparés de la société dans laquelle ils évoluent. La société n'est pas un objet que nous pouvons, en tant qu'humains, étudier ou «entretenir» — comme une machine — de l'extérieur, car nous ne pouvons pas l'observer directement, à l'instar d'une molécule sous un microscope.

Pour comprendre la société (en fait, pour exister dans cette société), il nous faut nécessairement passer par une institution — un lieu ou un dispositif créé par les humains auquel ils peuvent tous se référer et qui organise un certain type d'action — qui s'inscrit elle-même dans la nature symbolique de l'action humaine. Le symbolique est notre capacité commune d'évoquer abstraitement la réalité et d'être compris par les autres ; nous faisons cela tous les jours en utilisant le langage. En prononçant le mot «pomme», par exemple, j'évoque une chose à laquelle tous les gens se réfèrent sans avoir besoin de voir le fruit en question.

Si l'ordre symbolique n'existait pas, si par exemple les mots ne devenaient que des sons disjoints et incompréhensibles, nous ne pourrions pas nous référer à un matériau commun pour communiquer. Les individus ainsi laissés à eux-mêmes sombreraient dans un autisme complet. Le symbolique est donc un lieu auquel nous faisons tous référence, un lieu créé par nous comme collectivité et comme historicité, mais qui nous dépasse en tant qu'individus, et par lequel nous devons passer pour nous comprendre.

Notre accès à la société nécessite donc une médiation symbolique. Nous n'avons pas accès au «fait» social directement, nous devons passer par les mots et les signes. Or, ceux-ci ne sont pas neutres : le langage est traversé par une histoire, influencé par des idées, des convictions, des cultures et des conflits. Les mots ne représentent pas directement les choses.

Le passage par le symbolique amène nécessairement sa part de connotation : nous qualifions les choses en les nommant. Nous ne pouvons aborder le monde sans recours au langage, sans quelque lien qui nous unirait à lui. Nous baignons sans cesse dans le symbolique et celui-ci est teinté d'idéologie.

Dans les sociétés modernes, nous vivons une deuxième médiation : l'institution politique. Les décisions politiques ne viennent pas de l'extérieur de la société (d'un roi, d'un dieu), mais bien de la capacité de cette société à utiliser le langage pour débattre et pour établir ses propres règles. Or, pour que ces échanges aient lieu, il faut un espace, soit l'espace public.

Les Athéniens de l'Antiquité avaient leur agora, le lieu où se tenaient les débats et les discussions, mais les décisions ne s'y prenaient pas directement. Il s'agissait plutôt d'un lieu de dialogue où ceux qui étaient considérés comme citoyens venaient librement discuter des affaires de la cité et réfléchir ensemble pour prendre ensuite les meilleures décisions possible. On choisissait d'y accorder du temps de sa vie privée ou professionnelle pour s'intéresser aux affaires publiques. Depuis l'arrivée de la modernité, comme on l'a vu, les médias jouent ce rôle d'espace public vital à l'existence d'une démocratie qui ne soit pas uniquement de façade.

Selon la critique freitagienne, ces médiations fondamentales à la société démocratique — l'institution politique et l'espace public — ont été oubliées par les penseurs qui ont fait la promotion de la technocratie et par les médias contemporains, qui deviennent graduellement une courroie de transmission *acritique*. En effet, les promoteurs de la technocratie, qui pensent pouvoir extraire l'idéologie de la réalité, font une grave erreur.

Non seulement baignons-nous quotidiennement dans l'idéo-logie, mais celle-ci est un passage obligé de la vie en société. Ainsi, loin d'être une simple machine à entretenir grâce à une classe technicienne, la société démocratique est un projet commun dont les finalités doivent être discutées et jugées dans un débat politique inclusif.

Quant aux médias, en sacrifiant l'espace de débat public pour valoriser les discours experts de tout acabit, ils se sont laissé berner sur leur fonction. Certes, ils doivent transmettre de l'information avec le plus d'honnêteté possible, mais leur rôle fondamental est d'ouvrir cette information sur une réflexion portant sur ce que nous voulons faire ensemble. Les médias sont le lieu de débat vivant où se forme et se transforme la vie politique. En traitant les problèmes économiques comme autant de fatalités sur lesquelles nous ne pouvons agir comme société, en présentant la politique comme un espace où seuls les lobbys les plus puissants peuvent influencer une classe politique de professionnels qui ne recherche que des votes, en faisant de certains maux sociaux (pauvreté, itiné-rance, violence) des problèmes relevant de la responsabilité individuelle et qu'il faudrait confier à des guérisseurs paten-tés, les médias dérogent à leur rôle et scient la branche sur laquelle ils sont assis.

Ils deviennent postmodernes en ce sens qu'ils oublient que les institutions modernes sont nécessaires à la démocratie con-temporaine. Ils se transforment eux-mêmes en simple porte-parole d'une société-machine qui dicterait son mode d'emploi aux individus qui la composent au lieu de s'assumer comme lieu où décider ensemble de leur avenir. En se détruisant ainsi, c'est tout le principe démocratique qu'ils participent à démonter.

Liens avec les autres critiques

La critique freitagienne doit d'être considérée en lien avec la critique marxiste, ce qu'Eric Martin n'hésite pas à faire. En effet, s'il y a lieu de s'inquiéter du danger que représente pour la démocratie la destruction de l'espace public par des médias démissionnaires, on aurait tort de présumer que la démocratie issue de la modernité était exempte de tare. Au contraire, la modernité a réussi à limiter la démocratie au domaine du politique, sans lui allouer d'emprise sur le champ de l'économie. Nous pouvons prendre certaines décisions ensemble, mais la vie que nous passons au travail demeure soumise à un régime d'arbitraire et d'autoritarisme. Cette autorité est inévitablement exercée par une classe sur une autre. Même la dimension politique s'avère problématique dans une démocratie strictement représentative où la population n'est appelée à se prononcer qu'une fois tous les quatre ans et sur des questions fort superficielles. On demeure loin d'une implication de la collectivité dans les prises de décision qui la concernent.

On pourrait étendre la critique freitagienne des médias, couplée à la critique marxiste, en reconnaissant que la modernité prêtait déjà le flanc à la dérive technocratique par sa démocratie inachevée et l'autonomie seulement partielle qu'elle octroyait aux sujets politiques. Il était alors « nécessaire » de confier le fonctionnement de certains secteurs aux experts et spécialistes, prétextant les «lacunes» des simples citoyens, à qui on n'avait jamais eu l'audace d'accorder les pleins pouvoirs puisqu'on les présumait d'emblée incompétents. Une fois ces espaces d'autoritarisme définis, les spécialistes qui en tiraient profit avaient tout intérêt à les étendre à l'infini. Bénéficiant d'un lieu de dispense du politique, ils ont voulu étendre ces espaces à toute la société, sapant du même coup les fondements de la démocratie. Cette tentative d'usurpation ne s'est toutefois réalisée sans rencontrer çà et là des poches de résistance.

Aujourd'hui, l'espace public est à ce point inféodé à la logique des experts et des spécialistes qu'il ne laisse plus d'espace à l'idée même d'autonomie démocratique. Les critiques déontologiques font état de ces reculs, bien qu'elles n'aient pas la capacité analytique d'en cerner les origines. La critique propagandiste explique adéquatement comment s'opère cette transformation à l'intérieur des entreprises médiatiques, tandis que Bourdieu en retrace l'origine dans l'histoire du champ journalistique. La critique gramscienne couplée à la critique freitagienne propose un cadre synthétique et clair pour l'analyse de phénomènes que les autres approches se contentent de décrire. Ces deux critiques ont également l'avantage de faire ressortir que les dilemmes médiatiques ne se régleront pas séparément des autres problèmes de société découlant du système capitaliste. Ces questions sont à traiter communément.

La critique freitagienne dont s'inspire Eric Martin lance également un avertissement aux critiques les plus radicales des médias. On peut, dans un accès de colère, avoir envie de faire table rase des médias tant leur comportement est frustrant et nuisible, mais, ce faisant, nous ne ferions qu'accélérer le processus déplorable dans lequel ils sont déjà engagés. Car comme l'espace public est crucial à la vie démocratique, la disparition des médias ne peut pas être une bonne nouvelle. Ils ne peuvent non plus être remplacés par des publications citoyennes ou alternatives, ou par les médias sociaux, qui sont incapables d'être un espace public où se rencontre l'ensemble de la population. De la même façon, penser qu'il suffit de rehausser l'éthique des journalistes ou de supprimer les «filtres» repérés par Herman et Chomsky pour que naissent des médias enfin débarrassés de l'emprise du pouvoir est largement illusoire.

Les médias sont un espace public et celui-ci doit servir sa fonction de débat démocratique. Un amalgame de textes citoyens ne constitue pas un espace public. Pour qu'il soit intelligible, il faut choisir, prioriser et organiser les informations. Ces tâches n'ont pas besoin d'être hiérarchisées ou centralisées en un seul lieu et peuvent être accomplies démocratiquement, mais elles doivent servir efficacement la délibération publique et la démocratie. C'est tout un programme, mais il est nécessaire et peut être réalisé de manière ouverte, participative et démocratique.

Pour aller plus loin

COUTU, Benoît (dir.), *Pensée enracinée. Essais sur la sociologie de Michel Freitag,* Montréal, Carré Rouge, 2008.

DEWEY, John, *The Public and its Problems,* New York, Swallow Press, 1954.

FREITAG, Michel, « De la terreur au meilleur des mondes. Globalisation et américanisation du monde : vers un totalitarisme systémique ? », dans

Daniel Dagenais (dir.), *Hannah Arendt, le totalitarisme et le monde contemporain,* Québec, PUL, 2003.

LASCH, Christopher, *La révolte des élites et la trahison de la démocratie,* Castelnau-le-Lez, Climats, 1996.

LIPPMAN, Walter, *Public Opinion,* New York, Dover Publications, 2004.

LUHMANN, Niklas, *The Reality of the Mass Media,* Stanford, Stanford University Press, 2000.

MARTIN, Eric, «Le journalisme et la désymbolisation du monde: pour une critique dialectique de la crise contemporaine du journalisme», mémoire de maîtrise en science politique, Montréal, UQAM, 2007.

PICHETTE, Jean, «Penser le journalisme dans un monde en crise», Montréal, *À Bâbord!,* février/mars 2007.

CONCLUSION

LE PALAIS DES GLACES

LES CRITIQUES QUE NOUS AVONS vues montrent bien que nous entretenons d'importantes illusions sur le rôle que chacun occupe dans l'espace public, qu'il s'agisse des journalistes, des chroniqueurs, des entreprises de presse, des intervenants ou du public lui-même. L'espace public est transformé en un immense palais des glaces dans lequel ces acteurs déambulent en prêtant foi à des images déformées d'eux-mêmes et des autres.

Les journalistes, pivot du système médiatique, tiennent la posture la plus schizophrénique. Ils sentent quotidiennement — et on le leur a répété tout au long de leur formation — qu'ils jouent un rôle central, nécessaire à la démocratie, qu'ils sont les gardiens de la probité de l'espace public. Cependant, les pressions de leurs employeurs vers la spectacularisation de leur pratique, les transformations technologiques, leur volonté d'acquérir du capital auprès de leurs pairs et les habitudes mimétiques du milieu les ont transformés en courroie de transmission souvent *acritique*. Bien que certains reportages, interventions ou émissions fassent parfois exception, la production en série de nouvelles prend le pas sur l'enquête, l'analyse rigoureuse ou l'entrevue serrée.

Les chroniqueurs et les éditorialistes sont dans une situation différente. La tendance actuelle les place à l'avant-scène, mais d'une étrange façon. On ne valorise plus tant leur capacité d'analyse que leur talent de communicateurs. Les coups de gueule, les mots d'esprit et les attaques, bref tout ce qui peut « faire un bon show », sont de mise. Comme cette formule est précisément ce qui fait vendre, la demande est grandissante. Certains commentateurs ne se privent donc pas pour dépasser toutes les limites. S'enivrant dans leur superbe, ils oublient tout le dommage qu'ils causent à ce qui, comme nous le rappelait Bourdieu, donne traditionnellement au métier ses lettres de noblesse. Célébrant leur autonomie, ils ne voient pas (ou feignent de ne pas voir) que les puissants détournent cette autonomie à leur profit. Le miroir de l'espace public leur renvoie une image gonflée de leur pertinence et de leur à-propos, alors qu'ils sont plutôt la roue de secours branlante d'une machine de vente en difficulté.

Les entreprises de presse croient jouer leur survie à chaque instant et essaient par tous les moyens de s'adapter à la réalité dynamique des médias d'aujourd'hui. Talonnées par des changements technologiques incessants, elles sont forcées de s'adapter pour croître et de croître pour survivre. Les entreprises de presse sont devenues des monopoles qui se battent pour les quelques segments encore payants de l'auditoire, et leurs dirigeants ont l'impression d'être constamment limités par les idéaux passéistes de leurs travailleurs, les excès réglementaires d'un gouvernement omnipotent ou les remontrances de certains auditeurs élitistes qui critiquent facilement, mais consomment finalement assez peu de médias. Se sentant toujours menacées par le couperet du marché, les entreprises de presse ne perçoivent pas que, comme le rappellent Herman et Chomsky, ce sont précisément les impératifs du profit qui minent leur pertinence comme producteurs d'information.

Les professionnels du monde des médias ne sont pas les seuls à se bercer d'illusions, les intervenants et le public le font tout autant.

Sur le rôle des médias, les intervenants dans l'espace public ont des points de vue particulièrement déformés. Mon expérience avec diverses organisations progressistes québécoises m'a, au fil du temps, amené à distinguer trois types de rapports au média.

D'abord, certains intervenants sont d'une naïveté assez troublante quand il s'agit d'interagir avec les médias. Alors qu'ils critiquent quotidiennement la couverture médiatique de certains événements, ils croient soudainement qu'il suffit d'avoir un message à livrer pour que les journalistes s'intéressent à eux. Convaincus que l'idéal journalistique est partagé par tous, ils pensent possible de «convaincre» un journaliste de l'importance de leur histoire même avec un communiqué de presse peu explicite, un mauvais porte-parole ou une déclaration mal ficelée. On devine sans effort la déception et la confusion qui s'ensuivent.

À l'inverse, certaines organisations intériorisent tellement les exigences médiatiques qu'elles se transforment profondément pour s'y adapter et se livrent à des circonvolutions perverses. Par exemple, on optera pour une position plutôt qu'une autre sous prétexte qu'elle «passera» mieux dans les médias. On organisera l'ensemble des événements et des campagnes en fonction du calendrier médiatique, tout en affirmant qu'il s'agit seulement de quelques adaptations techniques superficielles. Agir ainsi suppose que les médias sont neutres et qu'ils n'adhèrent pas à la vision dominante de la société. Pourtant, les réflexions de Gramsci nous rappellent le rôle des intellectuels organiques — ici les médias — et leur adhésion au libéralisme. En s'adaptant sans cesse aux médias, on finit par reproduire la pensée qu'ils véhiculent, et ceux-ci nous font bénéficier de leur tribune justement parce qu'on ne dit rien d'autre que ce que la pensée dominante veut bien entendre.

Le troisième type de rapport aux médias, le radicalisme antimédiatique, est particulier à la gauche. Se fondant sur une critique souvent justifiée des médias, certains groupes croient qu'il vaut mieux se tenir loin d'eux, car on ne peut rien en tirer de bon. Ils optent plutôt pour des outils de diffusion en marge de l'espace médiatique : production de tracts, d'affiches, de graffitis ou de publications dont l'esthétique est rébarbative pour ceux qui n'adhèrent pas d'emblée à leurs idées. En fin de compte, ils n'atteignent trop souvent qu'une part infime de la population. En se cantonnant aux marges de l'espace public, ne participent-ils pas eux aussi à cet *oubli de la société* dont parlait Freitag ? Derrière les médias, au-delà, existe l'espace public, une institution vitale à toute forme de démocratie. En condamnant par avance ce qui peut s'y faire, avec et malgré les médias, ne se condamnent-ils pas du même coup à l'isolement et au soliloque ? Une kyrielle de groupes s'adressant à leur auditoire restreint, n'est-ce pas précisément ce qu'est en train de devenir l'espace public sous l'impulsion postmoderne ? En quoi font-ils exception dans ce décor navrant ?

Quant aux citoyens, ils se trouvent bien loin de ce que l'idéal de la démocratie moderne (bien incomplète) leur attribuait comme rôle à une certaine époque. De possibles participants au débat public, ils deviennent les spectateurs tétanisés d'une information qui n'a plus de sens politique. De « l'espace public » ne reste que le public, passif et confus. Même s'il n'est pas sans réaction — il peut s'emporter dans sa cuisine ou sur les médias sociaux —, son rôle n'est pas d'agir politiquement en fonction de sa compréhension de l'état du monde.

Entre les épaves des institutions politiques et les statues élevées aux futurs technocrates en tout genre se dresse alors la figure d'une société politiquement immature, puisque la fonction de chacun de ses membres est précisément de l'oublier. Les individus sont enfermés dans une sphère privée à laquelle l'espace public, devenu terreau publicitaire, ne cesse de renvoyer en créant ici des besoins, là des désirs. Quant aux intellectuels devenus spécialistes, on les confine à un *problem solving* qui, faute de nous permettre de mieux comprendre la société, ne peut, par le fait même, participer à sa remise en question ou à sa transformation. Les médias agissent alors en répartiteurs de cette immaturité politique, s'assurant que les rouages de la société sont bien lubrifiés et que tout le monde connaît bien sa place et y reste.

Remerciements

M ES PREMIERS MOTS de remerciement ne peuvent manquer d'aller à Eric Martin. Ce livre est le résultat de nos échanges, d'expériences communes, de conférences que nous avons données un peu partout, dans des cégeps comme devant des associations de personnes du troisième âge. Grâce à notre pratique en commun des relations publiques, mais aussi à nos discussions sur la nature de l'espace public et la portée de la communication politique, nous avons construit notre compréhension de ces réalités. Ce livre n'aurait jamais existé sans ce collègue et ami.

La version manuscrite de ce livre, sur les pages d'un simple carnet, date d'un voyage que j'ai fait en Afrique du Sud, il y a plus de cinq ans. Eve-Lyne Couturier, l'incroyable compagne de ce voyage, est aussi une formidable compagne de vie et de discussion. Sa pensée si généreuse et les expériences mémorables que nous avons vécues ensemble ont joué un rôle essentiel dans l'élaboration de ce livre.

Ce livre n'aurait pas non plus été le même sans le temps précieux passé avec Anne-Marie Provost. Ses idées percutantes, son regard frais et la profondeur de nos débats sur la conjoncture ont donné à cet ouvrage les dents qui lui manquaient et à son auteur le courage de le terminer.

Un grand merci également à Céline Tremblay, ma mère, et à François Genest qui m'ont si souvent accueilli pour que je puisse écrire, loin du tumulte de ma vie. Leur hospitalité chaleureuse m'a permis de rédiger bien des textes, dont celui-ci.

Enfin, les commentaires, révisions et corrections d'Eve-Lyne Couturier, Anne-Marie Provost, Martin Dufresne, Mark Fortier, Marie-Eve Lamy, Laurence Jourde et Eve Delmas ont amélioré à un point tel ce texte qu'il est gênant pour moi de le signer seul. Le temps qu'ils ont généreusement mis pour améliorer l'ouvrage m'a souvent convaincu d'en mettre davantage moi-même pour que leurs efforts n'aient pas été vains.

À tous, merci.

Bien entendu, je suis l'unique responsable de toute lacune que pourrait contenir ce texte.

Table des matières

Introduction 11

Chapitre 1   L'idéal journalistique **17**
   Une vocation 18
   Pourquoi faut-il des journalistes ? 19
   Quelles valeurs guident les journalistes ? 21
   Un idéal éthique et volontariste 27
   Pour aller plus loin 28

Chapitre 2   Les critiques déontologiques **29**
   L'information-spectacle 30
   La fixation de l'ordre du jour social et politique 36
   La fragmentation des discours 39
   Normalisation des discours 43
   Le mimétisme 50
   La concentration de la presse 52
   Conclusion 55
   Pour aller plus loin 58

**Chapitre 3   Le modèle propagandiste de Herman
et Chomsky** **61**
   Premier filtre : la taille, l'actionnariat et l'orientation
   lucrative 64
   Deuxième filtre : la publicité 70

Troisième filtre : les sources d'information 73
Quatrième filtre : les contre-feux et autres moyens
    de pression 76
Cinquième filtre : l'anticommunisme 78
Conclusion 80
Pour aller plus loin 82

Chapitre 4   Les critiques bourdieusiennes **83**
La presse écrite 87
La télévision 89
Des médias qui s'homogénéisent 90
L'emprise du journalisme 91
Conclusion 94
Pour aller plus loin 95

Chapitre 5   Les critiques gramsciennes **97**
Fondements marxistes 99
Les intellectuels 100
L'idéologie 105
Analyse matérialiste de la constitution des journalistes .. 107
L'économie 112
La politique 114
La société 115
Le piège de l'autonomie 117
Conclusion 118
Pour aller plus loin 120

Chapitre 6   Les critiques freitagiennes **121**
L'arrivée de la modernité 123
L'association libre 125

Transformation de l'espace public 126

Adaptation des médias de masse 128

Critique du journalisme postmoderne 130

Liens avec les autres critiques 134

Pour aller plus loin 136

Conclusion – Le palais des glaces... 139

Remerciements.. 145

CET OUVRAGE A ÉTÉ IMPRIMÉ EN MAI 2017
SUR LES PRESSES DES ATELIERS DE
L'IMPRIMERIE GAUVIN POUR LE COMPTE DE
LUX, ÉDITEUR À L'ENSEIGNE D'UN CHIEN D'OR
DE LÉGENDE DESSINÉ PAR ROBERT LAPALME

Le texte a été mis en page
par Claude BERGERON

La révision du texte a été réalisée
par Laurence JOURDE

Lux Éditeur
C.P. 60191
Montréal, Qc, H2J 4E1

Diffusion et distribution
Au Canada : Flammarion
En Europe : Harmonia Mundi

Imprimé au Québec
sur papier recyclé 100 % postconsommation